Elisabeth Posner

Ey ey Käpt`n

Elisabeth Posner

Ey ey Käpt'n

Geschichten
zwischen Land und Meer
erzählt aus dem Logbuch einer Mit-Seglerin

Bibliografische Information der Deutschen Bibliothek:
Die Deutsche Bibliothek verzeichnet diese Publikation
in der Deutschen Nationalbibliografie; detaillierte
bibliografische Daten sind im Internet unter:
http:/dnb.ddb.de abrufbar.

© 2008 Elisabeth Posner
Herstellung und Verlag:
Books on Demand
Norderstedt
ISBN 9783837028652

Buchgestaltung:
Erika Kruse/ Bettina Kruse

Skipper und Bootsfrau und der Familiencrew
der Segelyacht **Seamonster** in Dankbarkeit
für viele fröhliche Törns.

Die Sporaden, die Inseln,
das schöne Stückwerk im Meer,
umschwommen von kalten Strömen,
neigen noch Früchte her.

Die weißen Retter, die Schiffe
– o einsame Segelhand –
deuten, eh sie versinken,
zurück auf das Land.

Ingeborg Bachmann

4

Inhalt

5

Vorwort

Skipper Rainer, mein Bruder, und seine Frau Erika sind begeisterte und leidenschaftliche Segler. Er ist der Draufgänger, sie die Besonnene – so ergänzt sich das Paar bei Stürmen und Flauten. Hinzu kommt ihre technische Begabung, denn ohne die geht es nicht beim Segeln. Sie lieben das Meer als immer neue Herausforderung. Dieses gaben sie an ihre beiden Kinder Bettina und Jan-Erik weiter und später an viele Mitsegler und Mitseglerinnen, so auch an ihre Schwester Hanna und Schwager Jürgen und, last but not least, auch an mich.

Als ich 1989 das erste Mal eine Segelyacht betrat und erlebte wie wunderbar das Zusammenspiel der Segler klappte, hatte ich Vertrauen zu den Sportlern und als Hamburgerin war mir durch den Schwimmsport auch Wasser ein vertrautes Element. Ich kannte selbst bei heftigen Winden und hohen Wellen keine Angst und ich lernte mich anzupassen und den Weisungen des Skippers zu folgen. Längst bedaure ich, dass ich nicht in den vielen Jahren bei Atze Lehmann und seinem Team im DHH in Glücksburg den Grundschein gemacht und mehr Wissen über den faszinierenden Segelsport erworben habe. Nun, niemand kann alles und es waren Prioritäten zu setzen.

Umso glücklicher war ich nach jedem Törn im nächsten Jahr wieder dabei sein zu dürfen.

Nun haben Familiencrews auf einer Fahrtenyacht wie der *Seamonster* die Besonderheit der immer gut vorbereiteten Landausflüge oder auch ganz spontaner Landgänge. Ich war mit meinem Mann passionierte Hochgebirgswanderin in den Alpen und habe Erfahrungen auf den Bergen bei Wind und Wetter, wenn der Gipfel oft mühsam erreicht war, auf den Segelsport übertragen können. Berge und Meere sind nie ganz berechenbar, nie ist man vor Überraschungen sicher und Wanderfreunde oder Crewmitglieder sind aufeinander angewiesen. Die Natur des Gebirges und des Meeres kann unerbittlich sein und verlangt Aufmerksamkeit und Respekt.

Die Crew hat einen köstlichen Humor und die Kameradschaft und Hilfsbereitschaft auf dem Schiff sowie beim Erkunden von Natur und Kultur der Länder, die wir von den Marinas aus erreichten, sind eine Bereicherung, die wir alle nicht missen möchten. Die Geschichten über viele Törns sind mein Dank an Skipper und Bootsfrau und Bettina und Jan-Erik.

Viele meiner Freunde und Freundinnen fragten, wie es denn auf einem Segelboot zuginge und hatten oft seltsame Fantasien. Auch sie werden an den Geschichten einer Mitseglerin Freude haben und dann wissen, dass Segeln vielseitiges Können verlangt, es aber fast immer fröhlich zugeht. Angst vorm Schiff und vorm Meer darf man nicht haben, denn es ist nicht immer gutes Wetter mit blauem Himmel und Sonnenschein, sondern auch Sturm und hohe Wellen mit grauen Wolken und Regen müssen durchgestanden werden. Und nun viel Spaß bei Mast- und Schotbruch und immer einer Handbreit Wasser unter dem Kiel und Land in Sicht!

1. Der Anfang

Das Weihnachtsfest wurde in den Familien der Geschwister und mit unserer alten Mutter gefeiert, dieses Jahr im Rheinland. Alle hatten sich für mich eine große Überraschung ausgedacht. Der damals 10jährige Jan-Erik konnte es gar nicht mehr abwarten: Wir laden dich zum Segeln ein, das wird ganz toll!" Ich war sprachlos. Am zweiten Feiertag begann die Planung: Segeln auf der Adria an der Küste des damaligen Jugoslawien. Im Juli kurz nach Beginn der Sommerferien sollte es los gehen. Außer Skipper Rainer und Bootsfrau Erika, der 14 Jahre alten Bettina und Jan-Erik, gehörten noch Astrid, 18 Jahre alt, und ich zur Familien - Crew.

Nach Anweisungen packte ich nun zum ersten Mal meine Segeltasche und fuhr um 4.00 Uhr früh in meinem roten Golf gen Westen und erreichte pünktlich um 8.00 Uhr das schöne Haus in der kleinen Stadt am Niederrhein. Herzliche und lautstarke Begrüßung! Die Freude war ansteckend und sprang auf mich über: Das Leben war schön!
Das große Auto war voll bepackt und was dort nicht Platz hatte, wurde in meinem Golf verstaut. Astrid hatte gerade ihren Führerschein erworben und da ich nun schon vier Stunden gefahren war, setzte sie sich ans Steuer. Sie hielt sich dicht hinter dem Mercedes. Die Kinder schauten nach hinten und winkten uns fröhlich zu.
Für mich begann das Abenteuer des Segelns und wurde jedes Jahr neu fortgesetzt – 16 spannende Törns über die Meere bei Wind und Sturm, auch bei Flaute und mit interessanten Landgängen – immer anders und voller Freude und Dankbarkeit, dass der Skipper und alle Mitsegler mich für meer- und segeltauglich hielten – das beste Geschenk, das mir jemals zuteil wurde.

2. Viele interessante Törns
- ein neues Lebensgefühl

1989: Jugoslawien: Adria - Kornaten

Kurz nach Berchtesgaden passierten wir die Grenze und erreichten Jugoslawien. Die Karawanken mit dichtem Wald und karstigem Gestein erinnerten mich an die Seealpen. Kein Auto überholte oder begegnete uns. Wir waren erschöpft und beschlossen eine Schlafpause in unseren Autos zu machen.
Langsam stieg die Sonne auf, es wurde hell.
Wir erreichten nach einer Fahrstunde den Nationalpark Plitvice. Es gab Hotels, Rainer hatte drei Doppelzimmer für uns bestellt. Wir nahmen für eine Übernachtung die notwendigen Sachen aus unserem Gepäck und wurden freundlich begrüßt.
Eine Stunde Ruhe und erfrischende Dusche - wir waren wieder fit. Die Dame an der Rezeption erklärte uns, wie wir uns das Naturwunder der Plitvicer Seen erschließen konnten und los ging es!
Wir staunten über die schönste Landschaft Jugoslawiens, wenn nicht der ganzen Welt. Die Seenplatte liegt in einem Talkessel, der von bewaldeten Bergen umgeben ist, viele größere und kleinere Seen reihen sich stufenweise aneinander. Das kristallklare Wasser ist von blaugrüner Farbe und viele Flüsse und Bäche fließen in schäumenden Kaskaden und rauschenden Wasserfällen in die Seen und speisen sie mit Gebirgswasser.
Die Seen waren durch Pfade und hölzerne Brücken und Stege miteinander verbunden und lockten zum Wandern. Über dem wunderbaren Blau schwirrten zarte kleinere und größere Libellen und Schmetterlinge in vielen Formen und Farben gaukelten im Sonnenschein durch die Luft.
Im Wasser tummelten sich unzählige Fische, und der Grund war durch die Ablagerungen aus alten Zeiten grauweiß und von Algen und Moosen überwuchert. Abgebrochene Baumstämme lagen im Wasser und wurden in einem langen natürlichen Prozess allmählich versteinert.
In der Nähe der Seen besuchten wir Grotten, in denen Funde aus prähistorischer Zeit freigelegt waren.

Auf unserer Wanderung begleitete uns der Gesang vieler Vogelarten in den Bäumen und Büschen und Eichhörnchen, braun und grau, flitzten an den Baumstämmen empor.

Wildkatzen, Wölfe und Bären hausten ebenfalls in diesem Naturparadies, hielten sich aber von Menschen fern.

Begeistert machten wir uns immer wieder auf neue Schönheit in Fauna und Flora aufmerksam.

Am nächsten Tag wanderten wir in einen anderen Teil des Parks und mieteten uns Ruder- und Tretboote und schipperten die Flüsse entlang und entdeckten Forellen, die vor uns aufschnellten und dann wieder ins Wasser eintauchten.

Ich teilte allen meine Begeisterung und Ergriffenheit mit: „ So muss es im Garten Eden gewesen sein!" Jan-Erik sagte mit jungenhafter Bestimmtheit: „Hier möchte ich mal Forscher sein, es gibt hier so viel zu entdecken und vieles wissen die Leute noch gar nicht."

Als dann Jahre später durch den Krieg zwischen den Völkern des ehemaligen Jugoslawien grausam Menschen getötet und Schätze, die Natur und Kultur geschaffen hatten, zerstört wurden, hörten und sahen wir über die Medien auch unglaublichen Schaden an diesem Paradies in Plitvice. Da wurde Jan-Erik ganz traurig und fragte nachdenklich: „Warum tun Menschen sich und ihren Lebensmöglichkeiten immer wieder so Schreckliches an?"

Damals hatten wir mit dem Besuch im Nationalpark Plitvice einen wunderbaren Auftakt für unseren Segeltörn auf der Adria.

Wir erreichten aus den bewaldeten Bergen die Küstenstraße und die Marina Vodice, wo wir eine Yacht gechartert hatten. „Komm mit!", rief Jan-Erik, „Vati und ich gehen zum Hafenmeister. Du musst jetzt lernen wie es mit dem Segeln so geht!" Da war einiges zu regeln. Der Hafenmeister war als Gastarbeiter in Deutschland gewesen und sprach deshalb unsere Sprache und freute sich immer auf deutsche Segler.

Er rief den Eigner und beide zeigten uns das Schiff, eine Yacht von beachtlicher Größe, die *Candela*. Erika und Rainer inspizierten das Schiff. „Alles o.k.", erklärten sie und gingen ins Büro, um den Chartervertrag zu unterschreiben.

Erika sprang auf das Schiff. Auf eine Karre luden wir das Gepäck und hievten es an Bord der Yacht. Ich beobachtete alle und stieg vorsichtig über die Leiter an Bord, Jan-Erik reichte mir hilfreich die Hand. Tolles Gefühl, ich war das erste Mal als Crew-Mitglied auf einem Segelschiff.

Als alle im Cockpit versammelt waren, holte der Skipper eine Buddel Sherry für den obligaten Manöverschluck heraus: „Einen für Rasmus und dann für die Crew!"

Wir richteten uns in den Kojen und Schapps ein. Dann folgte ein Rundgang durch den Yachthafen und an Bord nahmen wir ein kleines, aber feines Abendessen ein.

Gegen 8.00 Uhr Frühstück, Bettina und Jan-Erik hatten beim Bäcker frische Brötchen erstanden und der Tisch war bereits im Cockpit gedeckt. Der Kaffee duftete köstlich.

Mit einem fröhlichen Morgenlied und der Losung des Tages aus dem Losungsbuch der Brüdergemeinde, begann der Tag. Rainer saß vor den Seekarten und legte den Tagestörn fest, Erika erkundete den Wetterbericht. Astrid und Bettina übernahmen den Einkauf beim Supermarkt, Jan-Erik und ich den Abwasch. Da noch Zeit war, zeigte mir Jan-Erik die Schiffsknoten Webleinsteg und Palsteg, die ich mit der Befestigung der Fender an der Reling probierte. Gar nicht so einfach! Es gab immer wieder viel zu lernen.

Schon wieder eine Aktion: Der riesige Einkauf wurde an Bord gehievt und musste verstaut werden. Unglaublich, was alles in die Schapps, den „Obst- und Gemüsekeller" und den „Kühlschrank" hineinpasste. Bettina erklärte mir energisch, was ich bei den Besteckschubladen und den Schapps für das Geschirr, Kannen und Kaffee- und Teebehälter, den Bereich für Müslipakete, Gewürze, Salz und Zucker und anderes mehr zu beachten hätte. „Wenn du das nicht alles festklemmst und so schließt, dass es einrastet, werden wir mit dir unser blaues Wunder erleben, denn bei Wind springt alles auf und fällt in die Pantry!" Dann erklärte sie mir noch das Anzünden der Gasflammen des Herdes und Backofens und im Bereich darunter das Einstellen der Pfannen und vielen Kochtöpfe. Alles hatte eine sinnvolle Ordnung.

Mir rauchte der Kopf, ich befürchtete, nicht alles behalten zu haben. Es gab auf dem Törn immer wieder Pannen, die ich verursacht hatte, dann lachten alle, denn wer den Schaden hat, braucht für den Spott nicht zu sorgen!

„An Bord darfst du nur die Bordschuhe tragen und keine Straßenschuhe, wir wollen keinen unnötigen Dreck an Bord haben!", fügte Erika noch hinzu.

13

Rainer klopfte mir liebevoll auf die Schulter: „Für heute reicht es und nun alle ins Cockpit. Hier ist dein Platz, halt dich gut fest und Leinen los!"

Der Motor sprang an, Rainer und Jan-Erik standen am Steuer und das Schiff schob sich aus der Steglücke und näherte sich der Hafenausfahrt zwischen zwei Leuchttürmen.

Dann hatten wir freie Fahrt und Wind. Die Segel wurden gesetzt, alle, auch Astrid, hatten ihre Aufgaben, ich schaute zu und staunte. Ich befürchtete, es nie zu lernen, aber es gab ja auch andere Aufgaben, die ich übernehmen konnte. Die Yacht nahm Fahrt auf! Navigation und „Kommandos" waren für mich Fremdsprachen, die ich nicht verstand. Das änderte sich allmählich.

Der Skipper wies mir einen Platz auf dem Vorschiff unter dem Mast und Spi-Baum mit den riesigen Segeln an, Auf diesem Törn wurde das mein Lieblingsplatz. Ich lag gemütlich dort und schaute auf das dunkelblaue Wasser, das sich mal kräuselte, mal mit höheren und niedrigen Wellen eine beruhigende Wirkung auf mich hatte.

„Hallo, Elisabeth, komm her!" forderte Jan-Erik mich auf, „immer eine Hand für dich und eine fürs Schiff!" Ich kapierte, was er meinte und habe diese Regel nie vergessen.

Alle waren bester Laune und schmetterten ein Lied nach dem anderen: „Ik heff mol een Hamburger Veermaster sehn" oder „Jan und Hein und Claas und Pit, die haben Bärte, die fahren mit..." Natürlich kannten wir als Hamburger ganz viele Seemannslieder und das Schmettern gegen den Wind machte Spaß und gute Laune. Gegen Mittag gab es eine kleine Zwischenmahlzeit aus belegten Broten und frischem Obst, Bier, Saft und Wasser als erfrischende Getränke. Bettina nahm mich mit in die Pantry. Ganz schnell hatten wir alles fertig und reichten es nach oben. „Du musst dich immer gut festhalten, wenn du im Niedergang rauf oder runter steigst, nach unten nur rückwärts gehen!" wieder eine Anweisung, die wichtig war.

Es schien allen Spaß zu machen, mich einzuführen und mir ersparte es das Nachfragen.

Gegen 19.00 Uhr war der nächste Hafen bereits zu sehen, aber es dauerte noch etwa eine Stunde bis wir die Marina Zadar erreichten. Einchecken und kurzer Landgang.

In allen malerischen Adriastädtchen entdeckten wir buntes Treiben auf Märkten mit Obst und Gemüse. Architektonische Reste aus römischer, christlicher und islamischer Zeit begegneten uns in allen Städten. Überall Folklore mit Singen und Tanzen von Männern und Frauen in bunten Trachten. Wir konnten sehr bald nachvollziehen, warum Jugoslawien so anziehend für Touristen aus Deutschland war. Alte und junge Menschen lebten bescheiden, aber strahlten Zufriedenheit aus.

Im Hafen Milna auf der kleinen Insel Brač rutschte dem Skipper beim Anlegen die Brille von der Nase und landete im Hafenwasser. Alle starrten über die Reling und sahen das glitzernde wichtige Ding sich immer weiter entfernen. Was nun? Es blieb nur Tauchen. „Wenn du die Brille hoch bekommst, lade ich alle zum Abendessen in eines der gemütlichen Restaurants ein!" Rainer tauchte auf, klar, dass die Brille in seiner Hand blieb und unbeschädigt mitsamt dem Taucher wieder an Bord landete.
Die Crew kehrte fröhlich bei der „Roten Dagmar" ein. Sie hatte ein paar Jahre in Deutschland gearbeitet und sich mit ausreichend Geld mit Mann und Kindern ihr Restaurant eingerichtet, das nun ein „Geheimtipp" für deutsche Segler und andere Touristen war. Dagmar fiel durch ihre goldrote Lockenpracht und ihren spöttisch - witzigen Umgang mit den Gästen auf. Das Mahl war wohlschmeckend, Weine und Säfte mundeten köstlich und ein Sljivovica, der bekannte Pflaumenschnaps, bildete den krönenden Abschluss. Die Rechnung war dann auch noch erträglich und in leicht alkoholisierter Stimmung erreichten wir weit nach Mitternacht unser Schiff.
Uns erwartete wieder ein wunderbarer Sommertag. Flaute!
Dennoch wurde der Törn geplant. Die Marinas lagen fast immer in der Nähe der interessanten Altstädte und verlockten zu fußläufigen Besichtigungen.
In der alten Stadt Dubrovnik stiegen wir die vielen Stufen bis zur Ringmauer hoch und hatten herrliche Ausblicke auf das Meer und die Stadt mit vielen alten Kirchen und Brunnen.
Die Sommerfestspiele zogen viele Touristen an. In dem anmutigen Rokoko-Theater erlebten wir abends eine Aufführung des Singspiels „Bastian und Bastienne" von Mozart.
Auf dem Markt kauften wir Gemüse und frischen Fisch ein. Die Kinder entdeckten Gürtel mit Schmetterlingen, kleine Kästchen, die mit Muscheln beklebt waren, und seidige oder baumwollene Schals und Tücher in landestypischen Mustern und Farben, die sie unbedingt erwerben mussten. Sogar ein wunderbarer Teppich ging mit auf die Heimreise und liegt nach so vielen Jahren immer noch

in einem der Zimmer im Hause der Seglerfamilie und schmückt den graubraunen Fußboden.

Der Wind hatte aufgefrischt also Leinen los! Segel setzen und Korčula, ansteuern, einer Insel vor der Küste mit einer Altstadt in der Nähe der Marina.
Nach dem Abendessen machten wir uns auf den Weg durch den Hafen und entdeckten eine alte Kirche, die geöffnet hatte und in deren Düsternis wir einen kurzen Blick warfen. Vor ihren bescheidenen Häusern saßen auf Bänken schwarz gekleidete alte Frauen, die eifrig dabei waren, sehr geschickt Spitzen zu klöppeln. Jeden Abend erlebten wir beim Sonnenuntergang unterschiedliche Lichtspiele.
Ich saß fast immer auf dem Vorschiff und genoss die Farben des Meeres von dunkelblau bis grün und die vom Wind gekräuselten Wellen, meiner Seele tat die Ruhe gut, ich fühlte mich wohl.
Am nächsten Tag segelten wir nach Split, einer größeren Stadt. Da briste der Wind auf! Der Skipper schrie: „Komm sofort ins Cockpit! Bettina und Jan-Erik reichten mir die Hände und ich kletterte schwankend ins Cockpit. Rettungswesten waren notwendig. „Das ist die Bora, der für die Adria typische Fallwind. Er ist so tückisch, weil man ihn erst registriert kurz bevor er los heult und faucht. Jan-Erik hielt mich fest und befahl: „Tief durchatmen und über die gegenüber liegende Reling den Horizont anpeilen, damit du nicht seekrank wirst!" Bootsfrau und Bettina standen am Mast und bargen die Segel. Rainer stand am Ruder, Astrid kurbelte die Leinen und Jan-Erik schlang sie sehr geschickt zu Buchten und fertigte einen schönen Abschluss und legte sie sorgfältig ins Cockpit. Nun die Fender aus der Backskiste, alles war für das Anlegemanöver bereit. Ich staunte, wie perfekt alle Hand in Hand arbeiteten.
Mir kam die Bora wie ein Sturm vor, aber so schnell wie sie uns überfallen hatte, legte sie sich wieder!
Es wurde heller und die Leuchttürme zu beiden Seiten der Hafeneinfahrt tauchten auf. Das Anlegemanöver klappte vorbildlich mit kurzen Kommandos des Skippers.
Der Hafenmeister kam auf den Steg und wies uns einen anderen Platz an. Das Manöver musste wiederholt werden.
Jan-Erik erklärte mir die Schritte des Anlegens und zeigte mir wieder die Schiffsknoten. Alle hatten mit dem Segelneuling wahrhaftig Geduld.

16

Nach einer geruhsamen Nacht und köstlichem Frühstück waren wir neugierig auf die Stadt Split. Der römische Kaiser Diokletian im 3. Jh. n. Chr. ließ einen Palast erbauen, von dem noch die Mauern mit Bögen, Säulen und vier Toren, dem goldenen, silbernen, bronzenen und eisernen, stehen. Eine noch ältere ägyptische Sphinx hütete den Eingang vorm Mausoleum des Kaisers. Darüber wurde eine Kathedrale gebaut. Vor der Kathedrale stand die Statue eines Bischofs, die nicht zu übersehen war. Wir schlenderten durch die Tore und gelangten auf den Blumenmarkt mit herrlicher Blütenpracht. In dieser Stadt vermischen sich die vergangenen Jahrhunderte der Römer und Christen bis zur Gegenwart mit Architektur und Kunstdenkmälern. In meinem alten Reisetagebuch fand ich meine Notizen und erinnerte mich gerade an diesen ersten Törn mit den vielen Eindrücken des Balkans. Es kam nach dem mörderischen Krieg und dem Zerfall des künstlichen Staatengebildes Jugoslawien in etliche kleine Staaten bis heute nicht wirklich zum Frieden – für die Menschen traumatisierendes Leid.

Nach drei Wochen nahm der Törn ein Ende. In der Marina Vodice wartete schon der Hafenmeister auf unsere Ankunft. Wir holten eine Karre und luden das Gepäck auf und erreichten bald unsere Autos auf dem Parkplatz
Der Vercharterer inspizierte die Yacht mit dem Skipper und der Bootsfrau, er fand nichts zu beanstanden. Im Hafenbüro wurden die hinterlegten Papiere ausgehändigt und bezahlt.
Auf der Heimreise fuhren wir die Großglocknerstraße hinauf und genossen klare Sicht auf die österreichische Bergwelt.
Es waren erlebnisreiche Wochen und ich war glücklich als mir der Skipper bei einem Glas Wein nach dem Abendessen in dem Haus seiner Familie erklärte: „Du hast dich tapfer gehalten und auch nützlich gemacht. Wir haben deshalb gemeinsam festgestellt: Du bist see- und segeltüchtig und wir nehmen dich gerne wieder mit an Bord!" Alle lachten mir zu und ich bedankte mich: „Ich habe mein erstes Segelabenteuer bestanden und kann jetzt verstehen, warum ihr diesen Sport so liebt!"

1991: Dänemark: Fünen - Seeland - Langeland

Nach einem weiteren Törn auf der Adria mit Detlev und Moni, mit denen die Familie eine herzliche Freundschaft verband, wollten die

Kinder wieder auf der Ostsee segeln, besserer Wind und vertraute Reviere. Ich war wieder dabei und freute mich auf den Törn und die Fröhlichkeit mit den Kindern und Skipper und Bootsfrau.

Treffpunkt war Preetz bei Hanna und Jürgen. Unsere Mutter war zum Wochenende gekommen und freute sich, die Familie beisammen zu haben. Ein besonderes Crewmitglied war Matthias, der Sohn von Erikas Schwester Christa, aus Südfrankreich.

Früher Aufbruch gen Norden. Gegen 12.00 Uhr erreichten wir den Yachthafen Augustenborg. Ein netter Däne begrüßte uns und übergab uns das Schiff. Noch war Saison, die aber bereits Ende August auslief. Jeder packte nach Kräften zu und mit atemberaubender Schnelligkeit landeten Sack und Pack an Bord. Matthias fuhr mit Bettina die Autos auf den Parkplatz. Bettina kletterte an Bord und Matthias hinterher. Rainer verlangte sein Schlüsselbund mit Haus- und Wohnungsschlüssel, an dem auch der Schlüssel vom Boot befestigt werden sollte. Platsch – weg waren alle Schlüssel und versanken im Hafenbecken mit dem öligen und dreckigen Wasser. Matthias sprang hinein und hangelte das wichtige Objekt hoch und tauchte wieder auf. „Das ist noch einmal gut gegangen", meinte Rainer und forderte ihn auf sich sofort gründlich in den Duschräumen des Yachthafens zu reinigen. Jan-Erik und Bettina nahmen diese Möglichkeit für sich auch gleich in Anspruch. Nach einem Imbiss richteten sich alle in Kojen und Schapps ein. Die beiden Jungen bekamen die Liegeplätze im Salon zugewiesen. Ich teilte die Kabine mit Bettina.

Gegen 17.00 Uhr liefen wir bei heftigem Wind aus. Ich hielt mich im Cockpit fest und beobachtete, die „seemännische" Arbeit. Die Segel waren gesetzt und blähten sich im Wind.

Plötzlich schrie Jan-Erik: „Die Fock ist gerissen!" Erika und Jan-Erik kurbelten, die Segel wurden geborgen und der Motor angelassen.

„Das fängt ja toll an", sagte Matthias und lachte.

„Zurück nach Augustenborg!"

Das Segel wurde repariert. Am nächsten Tag ging es bei Windstärke 6 wieder los. Das Schiff schwankte und ich hatte einen Anflug von Übelkeit. Seekrank? Ich atmete tief durch und peilte den Horizont an. Die Crew war beschäftigt! Der Wind ließ allmählich nach und die See wurde ruhiger.

Als wir den Hafen Bogense erreicht hatten und für den Hafenrundgang wieder Boden unter die Füßen bekamen, war ich froh, dass niemand meinen Kampf bemerkt hatte. Doch – Jan-Erik! Er lächelte mich an: „War es sehr schlimm?" Ich sagte erleichtert: „Es ging ja bald besser und niemand hat etwas gesagt, dann wäre es richtig schlimm geworden!"

Erfahrene Segler erleben mit ihren Gästen immer mal wieder einen Anfall von Seekrankheit, dagegen ist dann kein Kraut gewachsen. Bei gutem Segelwind erreichten wir am späten Nachmittag Bogense. Die See war ruhiger, in einer windgeschützten Bucht wurde geankert. Die Kinder beherrschten das Ankermanöver perfekt und Matthias und ich sahen bewundernd zu. Mit dem Schlauchboot ruderten wir an Land. Auf der Wanderung über Dünen an der Steilküste bis zur Nordspitze von Fünen sammelten wir Muscheln und schön geschliffene Steine. Ich merkte eine Unterzuckerung und hatte keinen Traubenzucker in der Hosentasche. Am Wege lag ein Berg mit frisch gedroschenem Getreide. Ich blieb zurück und steckte mir eine Handvoll Körner in den Mund und dachte: Auch Kohlehydrate, besser als nichts. Ich eilte der Crew nach und war froh, wieder an Bord zu sein. Der Test ergab den Wert von 34! Schnell Traubenzucker.

Erika sagte sehr bestimmt: „ Du musst sofort essen!" Mit einer Scheibe Käsebrot und ein paar Keksen ging es mir bald besser. Beim Abendessen erzählte ich dann von den Getreidekörnern mangels Traubenzucker. Schallendes Gelächter! Dieses Ereignis wurde noch lange auf Törns erzählt und immer wieder nach Traubenzucker gefragt.

Rainer erklärte, wir hätten heute einen langen Schlag nach Hundsted auf Seeland vor uns. Der Törn wird 10 Stunden dauern. Sonniges Wetter und guter Wind zum Segeln und lustige Stimmung an Bord.

Hundsted war ein kleiner Fischereihafen, keine Marina, dennoch waren wir froh, das Ziel erreicht zu haben. Fischerboote lagen gut vertäut und die Netze hingen zum Trocknen. Einige Fischer mit braungegerbten Gesichtern und grauen Bärten saßen im Abendlicht und flickten ihre Netze. Es roch nach Fischen und Krabben, Möwen kreischten und stürzten ins Wasser auf ihre Beute, stiegen in die Luft und wiederholten ihr Spiel.

Bettina stand in der Pantry und briet in zwei Pfannen zahlreiche Kartoffelpuffer, die auf einer Platte auf den Esstisch ins Cockpit gereicht wurden und mit Apfelmus, Zimt und Zucker angereichert schnell verspeist wurden, denn alle hatten einen riesige Hunger.

Ich besorgte den Abwasch und verstaute Geschirr und Kochgeräte sorgfältig in die Schapps.

Nach dem langen Törn schliefen alle tief und fest bis ein heller Tag anbrach und zu neuen Ufern lockte.

Wieder Segelwetter, sogar den Spinnaker, den Spi, hievte Rainer mit Jan-Erik hoch bis er sich im Wind prachtvoll in den Farben blau - weiß - rot blähte und das Schiff vorantrieb. Bei Segelbergen fuhren wir durch den Fjord nach Roskilde ein.

In Roskilde suchten wir in der Wikingerhalle die Rümpfe von fünf vor tausend Jahren im Fjord versunkenen Wikingerschiffen auf. Ein nachgebautes Drachenboot erinnert an die wilden Vorfahren der heutigen Dänen. Der Dom im Zentrum der Stadt dient bis in die Gegenwart als Grablege für achtunddreißig dänische Könige und Königinnen in vier Kapellen. Die Kirche ist ein herrlicher Bau nordischer Gotik. Dieser Dom ist die berühmteste Kirche Dänemarks. König Harald Blauzahn baute hier im Jahre 980 seinen Wikingerhof. Wir machten uns auf den Weg nach Lejre, einem historisch-archäologischen Versuchszentrum für die Eisenzeit. Hier hatten Studenten und Studentinnen das Leben aus dieser Zeit nachgeahmt und erzählten uns fachkundig wie es damals zuging. Ein verwegener Wikinger empfahl uns die Wikingerfestspiele, sollte uns dahin der Weg zu weit sein, lohne das Rokokoschloss mit seinem schönen Park in Ledreborg einen Abstecher.

Ich hatte Backschaft mit Rainer, wir bereiteten Salzkartoffeln und Mohrrüben mit Petersilie und Bouletten zu, natürlich durften der gemischte frische Salat und Nachtisch nicht fehlen. Bier, Wasser, Saft oder Wein gehörten zum gepflegten Essen abends dazu.

Es war sommerlich warmes Wetter und wir wanderten nach Ledreborg durch die urige dänische Landschaft zwischen gelben Rapsflächen und Weizen- und Roggenfeldern umsäumt von roten Mohn- und blauen Kornblumen. „Hier könnte Emil Nolde malen", meinte Bettina versonnen. Park und Garten waren eine zauberhafte Überraschung. Matthias zeigte auf dicke schwarze Wolken: „Es gibt Regen!" Dem Jungen aus der Provence im Süden Frankreichs war das früher aufgefallen als uns nordischen Menschen. Der erste zackige Blitz, Donnerschläge und dann schüttete es wie aus Kübeln. Der nächste Bus nach Roskilde fuhr erst in zwei Stunden, also zu Fuß weiter. Wir waren nass bis auf die Haut und erreichten unser Schiff mit dem verheißungsvollen Namen „Sun of a Beach". Wir pellten uns aus und der Skipper teilte uns ein zum Duschen. Das verrückteste Wetter kann ihn und seine Crew nicht erschüttern.

Matthias war ein Meister der köstlichsten Crêpes und verriet uns das Rezept erst am Ende des Törns: Sie waren durch Bier anstatt Wasser so locker-flockig geworden und deshalb einmalig nach Meister Matthias. Bettina verspeiste 6 Stück, Jan –Erik 4 und für die Erwachsenen reichten 3.Da wir aus der Faust gegessen hatten, gab es nur wenig Geschirr zum Abwaschen und der Salon war im Nu wieder sauber. Seekarten raus und Wetterbericht! Erika und Rainer schlugen uns eine Nachtfahrt vor, der wir begeistert zustimmten. Nach dem heftigen Gewitter hatte es aufgeklart. Ich las noch einige Geschichten aus dem wunderschönen Buch: „Die Möwe Jonathan" vor.

Eingehüllt in Troyers und Segeljacken nahmen alle ihre Plätze ein. Leinen los! Den Fjord Roskilde hatten wir schnell hinter uns und erreichten den Øresund. Keine Wolken, der Himmel war sternenklar. Wir suchten die bekannten Sternbilder und fühlten uns so richtig romantisch: Ein Schiff, ein erfahrener Skipper und eine kluge Bootsfrau, die sich mit Wind und Wetter auskannte, und eine gut gelaunte Crew!

Der Wind frischte auf, das Schiff lag hart am Wind und rollte gegen die Wellen, die immer höher wurden. Rettungswesten anlegen, alles musste schnell gehen. Kreuzen! Das Schiff hatte immer neue Schräglagen. Kurz vor Helsingør und Helsingborg. stellte der Skipper fest: „Die Funk-Navigation ist ausgefallen! Sein oder Nicht –Sein, das ist hier die Frage ... . Hier auf Schloss Helsingborg spielt das Drama des Helden oder Nicht-Helden Hamlet ... die finster werdende Nacht passt gut zu Hamlets Geschichte."

Bettina stand am Bug und beobachtete rote und grüne Tonnen und achtete auf Seezeichen. Rainer und Jan-Erik schauten auf die Leuchttürme von Helsingør und auf der schwedischen Seite von Helsingborg, um nicht von der Fahrstraße abzuweichen. Die Lichterketten der beiden Städte waren nahe, Fähren kreuzten über den Sund. Es war faszinierend.

Der Wind nahm zu, Erika steuerte bewundernswert und Rainer errechnete die Kurse.

Bettina wurde von den spritzenden und schäumenden Wogen vorn am Bug überschwemmt. Sie hatte ihr eigenes, ganz persönliches

Ostsee-Erlebnis in dieser stürmischen Nacht auf dem Segelschiff. Morgens um 10.15 Uhr erreichten wir die Marina von Rungsted. Jan-Erik kletterte in den Salon: „He!" rief er, „was ist denn mit dir los?" er schlug mir mit kräftigem Handschlag auf die Schulter. Ich sah ihn verwundert an – Ich war in der Navi-Ecke irgendwann auf diesem schönen Nachttörn eingepennt. Der Skipper sah vom Cockpit herunter und lachte los: „Das hat noch kein Crew-Mitglied fertig gebracht!" Natürlich ging dieses „Vergehen" in die Analen der Törn-Geschichte ein.

Duschen im Hafen, Frühstück, Abwasch und ab in die Koje für alle eine Mütze voll Schlaf.

Das vom Hafenmeister empfohlene Restaurant war dänisch - gemütlich mit guter Küche.

Wir fühlten uns wohl und es schmeckte wunderbar nach der geisterhaften Nacht vor dem Hamlet - Schloss.

Nach ausreichendem Nachtschlaf waren wir wieder zu neuen Taten bereit.

Wir steuerten die Insel Møn, südlich von Kopenhagen, an. Dänemark hatten wir bisher nur als plattes Land erlebt und nun diese Steilküste. Senkrecht fallen die schneeweißen Kalkfelsen mit vorzeitlichen Versteinerungen des Lille und Store Klint 128 m in die Ostsee hinab. 7 km sind sie lang und wurden während der letzten 5000 Jahre vom Meer geformt, wir schauten von der Yacht in die Höhe: ein Naturwunder.

„Kann man auf diese Insel?", fragte Matthias. „Klar! und das werden wir gleich machen!" antwortete Jan-Erik fast siegesgewiss, als wäre er schon oft auf der Steilküste spaziert.

Wir umfuhren die Insel südöstlich nach Klintholm Havn. Anlegen und dann fertig zum Landgang. Lichter Buchenwald verdichtete sich im Naturschutzgebiet wie zum Urwald. Erika und Bettina entdeckten wilde Orchideen. „Wildromantisch, hier hat Hans Christian Andersen bestimmt viele seiner Märchen ersonnen", flüsterte ich fast andächtig. Wir durchstreiften die Insel mit dem Städtchen Stege mit Toren und einer mittelalterlichen Kirche und fanden sogar einen chinesischen Teepavillon: „Hier sang die chinesische Nachtigall, ein besinnliches Märchen von dem dänischen Dichter."

An Bord las ich im Licht der Lampe einige Märchen von Andersen vor und wir ließen die Klippen und die Insel Møn in unserer Fantasie lebendig werden. Bettina fielen Sagen des nordischen Gottes Odin und anderer ein.

Windstärke 8 ! Zu viel Wind für unsere Yacht. Wir mussten den nächsten Hafen anlaufen. Es war ein Handelshafen, keine Marina: Stubbekøbing. Skipper und Bootsfrau achteten auf die Wassertiefe, denn der Kiel sollte ja nicht auf Grund gehen. Matthias und ich hatten die Fender an der Reling angeknotet. Zum Festmachen waren Jan-Erik und Bettina auf die Pier gesprungen.

Wieder ein zauberhafter Sommertag. Ein kurzer Törn bis zur Insel Lyø im Kleinen Belt. Ankern und ein Rundgang über die Insel. Ein einsames Gehöft, bewohnt von einem Bauern mit seiner Familie. Wir liefen an einem goldenen Kornfeld entlang. Schmetterlinge wie Pfauenauge, Kleiner Fuchs, Zitronenfalter und Kohlweißlinge gaukelten farbenprächtig durch die Luft. Schwalben segelten hoch am Himmel und Möwen schrien über dem Wasser.
Barfuß über die warme Erde hin zum Leuchtturm, den wir erstiegen. Wir hatten einen herrlichen Blick über gelbe Felder und blaue See. Drei Segler hatten vor der kleinen Insel geankert. In mir war ein warmes Glücksgefühl: Das Leben war schön!

Nächster Hafen: Svendborg. Nur noch wenige Liegeplätze. Wir legten an einem anderen Schiff an, das heißt in der Seglersprache längsseits im Päckchen anlegen. Die Crew des letzten Schiffes muss über die vor ihnen liegenden Boote steigen, um auf den Steg zu kommen. In meine zurückgekehrten Glücksgefühle passierte es dann: Ich hatte dieses Anlegen noch nicht erlebt und rutsche zwischen Kompass und Steuerrad, das sich drehte und meine Hand umknickte. Erika hatte es gesehen und war sofort als kompetente Sanitäterin dabei und legte mir einen festen Verband an. Tröstend meinte sie: „Morgen sind wir schon in Sonderborg und dann geht es heimwärts."
Auch der letzte Tag war ein schöner Segeltag mit 6 Knoten Geschwindigkeit. Der Spi wurde noch einmal gesetzt. Mittags erreichten wir Sonderborg. Jan-Erik suchte mit mir eine Apotheke. „So ein Pech", stellte er fest. Die freundliche Apothekerin verkaufte mir ein Präparat, das rezeptpflichtig war, aber mir bestimmt Linderung verschaffen würde.

Wir kamen glücklich und zufrieden in Preetz an. Abschied. Ich steuerte von dort mit der linken Hand meinen Golf nach Braunschweig. Der nette Chirurg, der sich meine Hand ansah und röntgen ließ, stellte fest: „Sie haben fachlich kompetente Hilfe und großes Glück gehabt, der Bruch wird regelrecht heilen." So war es. Von dem Glück der Segeltage um dänische Inseln zehrte ich noch lange und hatte trotz des Pechs am letzten Tag die Zusage, beim nächsten Törn wieder dabei zu sein.

1992: Mecklenburg-Vorpommern: Rügen - Hiddensee

Wieder Treffen in Preetz. In Kiel nahmen wir die Yacht in Empfang und erreichten bald die Marina von Warnemünde, von dort nach Rostock. Leider kam ein Treffen unserer Mecklenburger Verwandten auf unserem Schiff nicht zustande, sie waren auch telefonisch nicht zu erreichen.

Am 2. August feierten wir Jan-Eriks 13. Geburtstag. Höhepunkt des Tages war die schmale Insel Hiddensee. Natur und Kultur erwartete uns. Naturschutzgebiete mit weißem Sandstrand, Kiefernwald und eine Fülle von Blumen und Gräsern.

Das Anlegemanöver klappte wie immer gut. Bettina und Jan-Erik hatten Segelkurse in Glücksburg hinter sich und waren gut trainiert.

Jan-Erik wurde von seinem Vater im Mastkorb hochgezogen und schaute aus luftiger Höhe über den Hafen und die Insel.

Astrid und Bettina beschäftigten sich mit Literatur und Theologie. Unser erster Landgang führte zum Grab und Wohnhaus des schlesischen Dichters Gerhart Hauptmann.

Die beiden Mädchen entdeckten an einem Baum den Hinweis zu einer Lesung von Christine Brückner aus ihrer Trilogie „Jauche und Levkochen / Nirgendwo ist Pönichen / Die Quints" und aus ihrer Erzählung „Hättest du geredet Desdemona" in der Pfarrkirche. Am Abend war die Kirche voll besetzt mit Insulanern und Touristen.

Der Weg über den Deich am Bodden entlang bei Mondschein führte uns schweigend und nachdenklich zum Leuchtturm vor der Marina.

Bei traumhaftem Sommerwetter steuerten wir die Insel Rügen an und gingen in Sassnitz an Land. Wir liehen uns Fahrräder und erkundeten einen Teil der Insel.

Drei Jahre nach der Wende war immer noch erkennbar, dass die Versorgung mit Lebensmitteln und dem täglichen Bedarf nicht ausreichend war. Auch Pensionen und Hotels und die Ortschaften wirkten verfallen. In Wiek fanden wir ein gemütliches Restaurant in Familienbetrieb. Mit der Wirtin kamen wir ins Gespräch. Wir wünschten ihr Erfolg, aber für die Insel nicht die Entwicklung wie auf der Insel Sylt in Nordfriesland. Rainer lud uns zum Käptn's - Dinner ein. Die Wirtin kochte selbst und uns schmeckte es gut. Weiter ging es auf den Drahteseln Richtung Nordosten zur Kreideküste Stubbenkammer von Rügen. Erinnerungen an Bilder von Caspar David Friedrich in der Hamburger Kunsthalle wurden wach. Wir stellten in der Gastwirtschaft „Waldhalle" unsere Fahrräder ab und wanderten zum Königsstuhl hinauf und hatten wunderbare Ausblicke auf die Ostsee und über die Insel.

Jan-Erik erinnerte uns an die dänische Insel Møn. Vom Königsstuhl stiegen wir über Leitern zum Strand. Der Blick schweifte bis zum Kap Arkona. Wir liefen zur „Waldhalle". Wir traten in die Pedalen und waren froh als wir unser Schiff erreichten. Von der größten deutschen Insel hatten wir einen Eindruck und stellten uns auch mal einen Inselurlaub vor.

Von Sassnitz nahmen wir Kurs auf den Greifswalder Bodden und über den Strelasund nach Stralsund. Anlegen im Hafen und ein Streifzug durch die Stadt mit ihren vielen Backsteinkirchen und dem Rathaus mit sechs Giebeln und der reich verzierten Backsteinfront.

Auch hier war noch viel zu renovieren, in der Nikolaikirche wurde schon gearbeitet. Astrid saß versonnen in einer Kirchenbank und wollte nicht die vielen Stufen im Turm hinauf. Für die anderen hatte sich der Aufstieg gelohnt, der Blick aus Turmhöhe ließ die Backsteinbauten noch prächtiger erscheinen.

Guter Wind, Segel gehisst und weiter bis Warnemünde. Am Strand verlockte die Ostsee trotz der vielen Quallen zum Baden. Tolle Erfrischung!

Leider war der berühmte „Teepot" geschlossen.

Abendessen an Bord und gute Nachtruhe.

Der Morgen überraschte uns mit heftigen Regengüssen und böigen Winden. Deshalb nahm der Skipper nicht Kurs auf Wismar, sondern auf Gedser auf der dänischen Insel Falster. Jan-Erik spielte auf seiner Mundharmonika und wir sangen laut gegen den Sturm an: „Wir lieben die Stürme, die brausenden Wogen der eiskalten Winde raues Gesicht, wir sind über die Meere gezogen, dennoch brach unsere Fahne nicht ... ". und schon war der „Adenauer", die Nationalfahne am Heck, aus der Halterung gerissen und über Bord gesaust und trieb auf der Ostsee dahin.

„Das war ja noch mal ein toller Törn am letzten Tag und niemand wurde seekrank", stellte der Skipper fest und sah mich verschmitzt an.

Ich lenkte ab und fragte: „Warum heißt die Flagge „Adenauer", diese Bezeichnung habe ich noch nie gehört!" Jan-Erik lachte und alle mit: „Die Dänen nennen ihre Nationalflagge „Danebrog", da haben wir unserer Flagge auch einen Namen gegeben!"

Am letzten Vormittag war Packen und Schiff Klarieren, also Schrubben und Putzen, angesagt.

Wir setzten den Spi und segelten bei günstigem Wind die letzten Seemeilen. Bettina und ich holten den Spi ein und beförderten ihn in den Sack und ab mit ihm in die Backskiste. Ich meinte, ich könne auch mal steuern. Rainer griente und meinte: „Das kannst du nicht!" Bettina setzte dagegen: „Versuch es!" Sie stand hinter mir und erklärte mir, was ich am Kompass zu beachten hätte. Das Schiff schlingerte und der Skipper spottete: „Du segelst im Kreis, so kommen wir nie an!" Bettina raunte mir ins Ohr: „ Nicht aufgeben!" Und es ging, ich hielt Kurs.

Gegen 18.00 Uhr erreichten wir die Marina Schilksee. Hanna und Jürgen erwarteten uns und wiesen auf freie Liegeplätze - Hanna kletterte an Bord, sie wäre so gern dabei gewesen.

Rainer lud alle zum Abschiedsessen ein, er war ein freigebiger Skipper. In einem von Jürgen vorgeschlagenen Restaurant wurden wir bestens bedient. Wir erzählten durcheinander und Hanna meinte: „Nächstes Jahr sind wir auch wieder dabei!"

1993: Dänemarks Norden / Kattegat: Sæby - Anholt - Grenå - Bogense

Spät erreichte ich mit meinem Golf Preetz und holte mir den Schlüssel für Jürgens Haus von der Nachbarin ab. Da sie viel zu erzählen hatte, war es fast Mitternacht, als ich in das leere Haus kam. Auf dem Tisch in der Essdiele lagen Zettel mit einigen Anweisungen: Eine Kiste „Flens" im Supermarkt ENO kaufen, eine Flasche Sherry aus Jürgens Bestand im Keller auf keinen Fall vergessen. Erst einmal Nachtruhe.

8.00 Uhr Frühstück und Anruf von Rainer: „Nicht bis Skagen fahren, nur bis Sædby, 13 km südlich von Frederikshavn! Hier ist ein schweres Unglück passiert. Walter und Ruth mit ihren Söhnen waren auf der stürmischen Ostsee nicht mehr alle seefest. Ruth hat sich den Oberarm beim Manövrieren schwer verletzt und wurde gestern mit Rettungshubschrauber in das nächste dänische Krankenhaus geflogen. Nun warten wir auf Walter und sein Schiff!"

Ich erinnerte mich an Walter, weil er ein so vorzüglicher Koch war.

Wieder klingelte das Telefon!

Sven, Walters Sohn, erklärte, er käme nicht nach Preetz, weil er mit seinem Auto nun die Crew mit drei Personen abholen müsse. Tolles Durcheinander! Ich fuhr los – kurzer Aufenthalt an der Grenze Deutschland / Dänemark. Dann ging es durch das flache Jütland endlos immer nach Norden:

Gelb blühender Raps, wogende Getreidefelder, weite Wiesen mit grasenden Schafen und wiederkäuenden Kühen und ab und zu dunkelgrüner Wald. In ländlichen Wirtshäusern eine kurze Verschnaufpause mit einem Milchshake. Bei Ålborg führte eine Brücke über den Limfjord, dann Richtung Sæby am Kattegat, also einem Teil der Ostsee, nun waren es noch etwa 40 km, die es noch zu schaffen galt. Die Landschaft veränderte sich in blühende Heide mit Wacholderbüschen und in der Ferne Dünen. Das Meer war nicht mehr weit. Marina Sæby! Ich parkte den Wagen. Ein paar gymnastische Übungen und tiefes Durchatmen und meine Beine setzten sich in Bewegung. Da lagen kleine Segelboote und große Yachten mit ihren Masten und Flaggen. Wie hieß das Schiff meiner Familiencrew? Ich schlenderte die Stege auf und ab und schaute nach der Besatzung. Einige deutsche Flaggen wiesen auf meine Landsleute hin, aber niemand hatte die Crew bestehend aus vier Erwachsen und zwei Kindern gesehen.

Auch der Hafenmeister hatte noch keine Meldung von Skipper Rainer und Crew.

Also Geduld!

Endlich nach fast zwei Stunden Wartezeit lief ein Segler ein und suchte einen Liegeplatz. „Das sind die Deutschen, auf die Sie warten", rief der aufmerksame Hafenmeister mir zu und wies die Yacht ein. Ich lief ihm nach und winkte! Das Anlegemanöver klappte leise und perfekt. Bettina und Jan-Erik sprangen von Bord und zurrten die Festmacher an. Hanna und Jürgen stiegen bedächtig über die Bootsleiter und umarmten mich. Rainer schleppte die beiden Reisetaschen zu meinem Wagen, ich händigte Jürgen den Schlüssel aus. Erika kam nach zu einer Tasse Kaffee im Hafen-Bistro. Aufgeregt erzählten alle von Ruths Unfall. Abschied – die Preetzer wollten noch vor Mitternacht daheim sein.

Ich richtete mich schnell ein. Beim Abendessen merkten wir alle die Anspannung der letzten Stunden und waren froh, dass Ruth in ärztlicher Versorgung war.

Die Crew beschloss einen langen Törn zur Insel Anholt zu machen. Die Insel, in grauer Vorzeit entstanden, liegt im Kattegat im Norden Europas, eine Flugsandödnis. Um den Leuchtturm zu befeuern, brauchten die Insulaner Holz und schlugen den Wald ab. Wir wanderten durch blühendes Heidekraut, vorbei an kleinen Wachholderbüschen und winzigen Birken und Heckenrosen, die vereinzelt schon Hagebutten angesetzt hatten. Vor uns das schäumende Meer in einem zauberhaften Farbenspiel von dunklem Blau, Türkis bis Grün. Wir rutschten die Dünen hinunter bis an den Strand und entdeckten eine Robbenkolonie und viele Seevögel. Wir wateten durch das warme Wasser. Der Wind toste von vorn, wir stemmten uns dagegen und erreichten das einzige Dorf mit seinen roten Ziegeldächern.

Ein sonniger Morgen mit Wind zum Segeln. Von Anholt nahmen wir Kurs nach Skagen, der nördlichen Spitze Jütlands und durchquerten den Ort. In einer Künstlerkolonie lebten viele nordische Maler, die wie die französischen Impressionisten hier die Küstenlandschaft mit dem wechselnden Licht malten. Wir stiegen auf die Wanderdüne, die jedes Jahr der Wind etwa acht Meter nach Osten versetzt.

Das Zusammenströmen von Nord- und Ostsee mit unterschiedlichem Wellen- und Farbenspiel bewunderten wir und freuten uns über die Meere.

Backschaft hatten Jan-Erik und ich und bereiteten ein köstliches Labskaus, einen richtigen Seemannsschmaus. Der junge Smutje erzählte Witziges aus den Filmen von „Otto" und „Sisters Act" und steckte alle mit seinem Lachen an.

Skipper Rainer zog sich zum Lesen in seine Koje zurück und die Crew tat es ihm nach.

Skipper und Bootsfrau standen nach dem Frühstück vor den Seekarten: „Ein langer Schlag übers Kattegat bis nach Grenå! Der Wind wird von Achtern kommen, also 6 Knoten Fahrt!.

Gesegelt und gemotort, je nach Laune der Winde, ein langer Törn von 71 Seemeilen bis Grenå. Nach einem Imbiss machten wir einen Spaziergang durch den Fährhafen und besuchten das

Kattegat-Museum mit riesigen Aquarien für kleine und große Meeresbewohner.

Weiter mit achterlichem Wind. Gegen 22.00 Uhr erreichten wir den großen Yachthafen Horsens. Hier war bereits für die Dänen Nachsaison und ihre Yachten hatten die angestammten Liegeplätze eingenommen. Einige Male kurvten wir durch die Marina bis wir anlegen konnten. Jan-Erik und Bettina betonten, sie hätten absolut keinen Hunger und verschwanden bald in ihren Kojen. Für uns reichten die Reste vom Vortag und einschließlich Rotwein aus dem Kanister, der sich für Törns besser eignet als Flaschen. Wir drei machten noch eine Runde durch die Marina, um nach Walters Yacht Ausschau zu halten. Rainer war verärgert, da die beiden Skipper sich hier treffen wollten. Erika besänftigte ihn: „Walter und seine Crew hatten nun wirklich nach Ruths Unfall in dieser Saison genug vom Segeln. Sie werden uns erzählen, wie es ihnen ergangen ist."

Der letzte Tag mit Windstärke 4 - Groß und Spi gesetzt - war ein krönender Abschluss. In Bogense war Packen und Klarschiff angesagt. In einem gemütlichen Restaurant lud der Skipper zu Käptn's Dinner ein. Wir bedienten uns am warmen und kalten Büfett. Es war wieder ein toller Törn, darin waren wir uns einig.

Eine Überraschung erwartete uns am nächsten Morgen auf dem Parkplatz. Rainer wendete seinen Wagen, mein Golf ließ sich nicht starten. Ich sprang raus und winkte, Jan-Erik hatte das gesehen, was war los? Hanna und Jürgen hatten meinen Wagen abgestellt, um in ihrem Auto weiter nach Preetz zu fahren. Rainer lachte: „Das darf doch nicht wahr sein, der immer perfekte Jürgen hat das Licht nicht ausgeschaltet und jetzt ist die Batterie leer!" Mit Überbrückungskabel wurde von Rainers Auto die Batterie in meinem Golf aufgeladen und ein paar Runden gefahren. Dann ging es auf die Autobahn. Ich hielt das Tempo nicht und verlor den Mercedes aus den Augen und kam als Nachzügler in Preetz an. Es reichte gerade noch sich fein zu machen, denn in Neumünster wartete im Rahmen des Schleswig-Holstein-Festivals eine Hommage und Party zum 75. Geburtstag des großen Dirigenten und Musikers Leonard Bernstein mit dem Hamburg Ballett - John Neumeyer und anderen Künstlern auf uns. Das Publikum dankte begeistert mit endlosem Applaus und Standing Ovations. Dieser festliche Abend blieb allen in wunderbarer Erinnerung.

1994: Schweden: Westschären - Skagerak

Die Crew war anders zusammengesetzt: Skipper – Bootsfrau – Jürgen – Bettina und ihr Schulfreund Falko. Hanna fuhr mich nach Kiel zur Fähre. Mit einer Übernachtung im Unterdeck erreichte ich Göteborg. Rainer, Erika und Jürgen nahmen mich in Empfang. Göteborg verlockte zu einem Trip durch die Stadt. Dann nahmen wir den Bus nach Uddevalla und wurden in der Marina fröhlich von den jungen Leuten begrüßt. Die Törns durch die Felsenlandschaft der westlichen Schären sind uns in Erinnerung von Licht und sommerlicher Sonne und wunderbarer Landschaft und Bekanntschaften mit freundlichen Schweden. Wir ankerten und machten mit besonderen Haken an den Felsen fest. Falko und Bettina hatten das Bedürfnis nach Zweisamkeit und machten kleine Wanderungen im Mondschein. Die Stimmung an Bord war gelegentlich gereizt und es gab Streit. Auf Jan-Eriks Wunsch lenkte ich ein. Nach heftiger Auseinandersetzung zwischen Vater und Tochter mit Tränen, konnten beide wieder friedlich miteinander umgehen. Es war für Vater und Tochter der Beginn der notwendigen Ablösung und für Bettina die Suche nach ihrem eigenen Lebensweg. Viele Umwege bis zu wechselseitiger Anerkennung nahmen auf diesem Törn durch die schwedische Schärenlandschaft ihren Anfang. So ist das Leben!

1995: Italien und Frankreich: Elba - Korsika - Straße von Bonifacio - Sardinien

„Diese Route ist bei Mistral in der Abdeckung von Korsika möglich, sehr reizvoll in landschaftlicher und kulinarischer Hinsicht. Hinzu kommen eine Vielzahl sehr schöner Ankerplätze in Süd-Korsika oder Sardinien.
Elisabeth: Ernennung zur Kulturmanagerin.“

Das war die Ankündigung für den Törn in südlichen Segelrevieren.
Die Crew flog von Düsseldorf über Mailand nach Pisa, ein neuer Segelgast, Jan-Eriks Schulfreund Jens, und Hanna waren mit dabei.
Mit dem Zug ging es weiter nach Livorno zum Eisenhafen Piombino, von dort mit der Fähre nach Portoferraio auf der Insel Elba. Durch den Hafen und an der Mole entlang entdeckten wir

den ersten Hinweis zur Segelschule des DHH, Deutscher Hochseesportverband Hansa. Skipper und Bootsfrau, Bettina und Jan-Erik hatten in Glücksburg bei Atze Lehmann und anderen Lehrern ihr segelsportliches Rüstzeug erworben.

Im Hafen von Portoferraio nahmen wir unser Schiff entgegen. Großes Palaver mit Seglern des DHH aus Hamburg und Glücksburg - und nun im mediterranen Revier - man kannte sich. Dabei war der Hafen nicht gerade sauber, eher stinkig und dreckig. Deshalb machten wir schnell Leinen los, um an der Terrasse der Jakobsbucht anzulegen und die Yachtschule zu erreichen. Hoch oben über der Insel und dem Mittelmeer hatten wir eine traumhafte Sicht. Die Küche richtete uns ein leckeres Mittagsmahl. Wir kamen mit einem Ausbilder ins Gespräch. „Sie sagen ja gar nichts", er lachte mich verschmitzt an. „Ich bin ja nur Mitseglerin", entgegnete ich, „in diesem Jahr ist es mein sechster Törn." „Na, dann bleiben Sie gleich hier und machen Ihren ersten Schein. Im DHH haben alle Segeln gelernt."

Die Familien-Crew lachte über das Angebot, natürlich trauten sie mir nach den Erfahrungen auf den Törns das nicht zu. Schlimmer, ich selbst traute mir diesen rauen Sport nicht zu. Vielleicht in Glücksburg mit vorheriger Theorie in Braunschweig am Südsee.

Wir schlenderten wieder am Hafen entlang und schauten uns die Altstadt an unter einer riesigen Festung mit Wehrmauern und fanden schließlich die Villa del Mulini, die einst der Wohnsitz von Napoleon war. Der Kaiser lebte hier einige Monate in der Verbannung. Der Belvedere-Garten mit Zitronenbäumen, Palmen und Myrten war der einzige Auslauf für ihn, sicher nicht einfach für den Eroberer ganz Europas.

Früher Aufbruch! Kurs auf Pianosa und nach Bastia. Vom Schiff aus schauten wir über das Meer, Korsika sah wie ein Hochgebirge umgeben von Wasser aus. Die Insel lockt Jahr für Jahr viele Bergwanderer, denn die Bergkette durchzieht die Mitte bis zu 2700 m Höhe. Das war nichts für unsere Crew. Anlegen in der Marina von Bastia. Wieder ein Rundgang durch den Hafen an der Seepromenade, Anlegeplatz für die Fähren nach Frankreich und Italien. Nach dem Abendessen saßen wir plaudernd bei Wein und Bier und Säften im Cockpit.

Entlang der Küste via Campolono – Solanzara zur Bucht und Marina von Porto Vecchio bei wechselnden Winden. Leises

Anlegemanöver und Füße vertreten durch die Marina, Ausschau nach einem Supermarkt. Dann Backschaft und Abendessen.

Lauer Sommerabend mit leichtem Wind. Als ernannte Kulturmanagerin las ich einen schaurigen Krimi vor. „Weiter ...weiter, ist gerade sehr spannend!" schrie Jens aus seiner Koje, er hatte die Luke geöffnet, wollte nicht herauskommen.

Die nächsten Abende waren dann der Geschichte der Insel Korsika gewidmet.

Korsika ist nicht Frankreich, dem es verwaltungsmäßig seit 1784 gehört, aber es ist auch nicht Italien, eher erinnern die Korsen an Spanier. Sie sprechen immer noch ihre eigene Sprache. Fremden gegenüber verhalten sie sich stolz und verschlossen, sie sind eine besondere Mischung von drei mediterranen Nationen. In früheren Zeiten hatten die Vandalen, Byzantiner, Sarazenen und auch die Engländer ihre Spuren hinterlassen und das eigenwillige Volk der Korsen geprägt. Auf Frankreich sind sie auch in der Gegenwart nicht gut zu sprechen, sie waren weder für die Monarchie unter Napoleon Bonaparte noch nach der Revolution für die Republik. Sie hatten dennoch als Soldaten zu dienen und die französischen Kolonialkriege in Indochina und Algerien mitgemacht, auch die beiden Weltkriege gingen nicht an den Männern vorbei. Sie leben heute noch von Schafs- und Viehzucht und von der Landwirtschaft, aber der karge, steinige Boden wirft nicht viel ab. Auch als Handwerker sind sie tätig. Sie gestalten ihr Leben und sind bescheiden. Männer und Frauen, die Karriere machen wollen, studieren in Frankreich und werden Notare und Rechtsanwälte, Sänger und Schauspieler, Gastronomen oder Geschäftsleute in Marseille, Lyon oder Paris. Aber es zieht sie immer wieder auf ihre Insel, dazu sagen sie: Es ist das Licht und es sind die Farben. Viele wohlhabende Franzosen haben sich nach dem Zweiten Weltkrieg Residenzen eingerichtet. Der Tourismus nimmt zu und ist für Korsika eine wichtige Einnahmequelle. Die Jugend verlässt die Insel, es bleiben die Alten. Sie spielen wie die Franzosen Boule. Die Frauen fühlen sich als fromme Katholiken in ihren Gemeinden mit interessanten Kathedralen aufgehoben. Alljährlich gibt es zu den Feiertagen Prozessionen, an denen alle teilnehmen. Was aber hat der Mohrenkopf, durch weiße Binde wie ein Sklave geblendet, oder diese hoch in die Stirn als Zeichen seiner Freiheit geschoben zu bedeuten? Eingeführt hat ihn Pascal Paolis, der als Vater der Korsen verehrt wird, weil er um 1700 die Befreiung von den Genuesen erwirkte. Er setzte an die Stelle der Jungfrau Maria, der auch die Nationalhymne gewidmet ist, als weltliches Symbol den Mohrenkopf. Es gibt viele Geschichten darüber, wie es nun wirklich war, kann wohl selbst ein Historiker nicht wissen. Aufgefallen sind uns bei unseren Landgängen hoch gestellte Steine, die scheinbar Gesichter hatten. auf einem späteren Törn begegneten uns solche Menhire noch einmal.

Wir waren Segler und keine Forscher, also berührte uns dieses alles nur am Rande.

Die Sonne brannte vom Himmel und lockte uns in Buchten des Maddalena - Archipels mit vielen kleinen Inseln zum Ankern und um in die Fluten zu springen und uns zu erfrischen.

Bei gutem Wind erreichten wir gegen Mittag die Küste von Sardinien, nun Italien. In den Marinas fielen uns riesige Motoryachten und auch große Segelyachten auf. Durch den Steg war unser Liegeplatz von einer schneeweißen Motoryacht mit hohen Deckaufbauten getrennt. Ein Herr hatte eine elegant gekleidete Dame und einen kleinen Jungen, der trotz der Hitze einen adretten Matrosenanzug trug, und ein kleines Mädchen, das wie ein Püppchen ein zartrosa Kleidchen um seine Knie schwenkte, an Bord seines „Luxusliners". „Die tun mir Leid, denn die dürfen sich bestimmt nicht schmutzig machen", stellte Hanna fest und Jan-Erik lachte: „Dafür haben sie ihre „Bimbos" an Bord, guck mal rechts, die haben richtige Uniformen an." Erika ergänzte: „Das sind steinreiche italienische Manager, die sich alles leisten können."

Abends, als die beiden Kinder ins Bett gebracht waren, gingen Signore und Signora an Land und zwei ihrer „Bimbos" räumten auf und standen dann wie Wachposten an Backbord und Steuerbord.

„Wir sind auch reich," lachte der Skipper, „Ich lade euch zu Käptn's Dinner ein!"

Wir machten uns alle landfein und bewunderten die unzähligen Yachten. Jan-Erik nahm meine Hand und schlenderte mit mir über die Stege. Sehr nachdenklich sagte er mit leiser Stimme zu mir: „Jetzt sehen die Motoryachten alle so schön aus, aber sie werden eines Tages mal schrottreif sein, wo werden die dann entsorgt?" Ich wusste keine Antwort, es war so ähnlich wie mit den Autos. In unserer Vorstellung wurden die Schrottberge und der Müll immer größer auf unserem blauen Planeten. Es ging um das Problem des

Umweltschutzes. „Segeln ist so ein toller Sport und ohne Schiff kann ich mir unser Leben nicht vorstellen", fuhr Jan-Erik fort.
Die Crew stand vor einem Restaurant und las die Speisekarte.
„Wir sind dabei ein Umweltproblem zu entdecken und dafür eine Lösung zu finden", erklärte Jan-Erik. Das war bei dem leckeren Schmaus im Garten mit südlichem Flair erst einmal Thema.
Aber bald kam unser norddeutscher Humor wieder zu seinem Recht und das Seemannsgarn spann sich endlos. Der Kellner schaute uns verwundert an, sagte irgendetwas in seinem korsisch – französisch – italienischen Dialekt und bot uns das Dessert an, Eis mit Früchten oder mit Prosecco.
Auf dem Weg zu unserem Segelboot nahm das Gelächter kein Ende! Unser vornehmer Nachbar von gegenüber, bat in deutscher Sprache um Ruhe wegen seiner Kinder, die bereits schliefen. Seine Besucher mit samt seiner schönen Frau lärmten und sangen bis spät in die Nacht ihre heimatlichen Lieder und unterhielten die Eigner und ihre Crews der großen und kleinen Schiffe in der Marina.

Vater und Sohn standen vor den Seekarten, Erika hörte den Wetterbericht. Ich saß auf meinem Lieblingsplatz im Vorschiff und träumte von fernen Ländern und schaute in den wolkenlosen azurblauen Himmel und zur Hafenausfahrt mit den beiden Leuchttürmen.
Hanna schrieb eifrig Ansichtskarten an die Daheimgebliebenen. Jens lag in seiner Koje und las in seinem Schmöker.
„Alle raufkommen!", befahl Rainer und erklärte den Törn. „Wir werden gegen 17.00 Uhr in Olbia auf Sardinien sein und Bettina vom Airport abholen. Unterwegs gibt es vor der Straße von Bonifacio noch schöne Ankerplätze zum Schwimmen und Schnorcheln. Und nun Leinen los und dann Genua und Großsegel setzen, wir werden Wind von Achtern haben und gut vorankommen."
In der ersten Ankerbucht waren alle schnell im Wasser, Hanna sprang wie immer als Erste ins Meer. Das klare türkisfarbene Wasser war eine herrliche Erfrischung.
Etwa 10 Meilen vor dem Hafen von Olbia holten wir den Spinnaker aus der Backskiste und seinem Sack. Erika und Hanna hissten ihn hoch und Jan-Erik und ich kurbelten an der Schot. Da stand das bunte Segel und blähte sich im Wind. Der Hafen und die große Stadt kamen in Sichtweite.

Der Name dieser Stadt wechselte zwischen Terranova, so von dem italienischen Schriftsteller Elio Vittorini genannt, und Olbia, ab 1939 blieb es bei diesem Namen. Auch auf Sardinien fanden wir eine wechselhafte Geschichte, geprägt von den Karthagern, Griechen und alten Römern. Nach der römischen Zeit verlor der Hafen als Umschlagplatz seine Bedeutung und wurde wieder ein malariaverseuchtes Sumpfgebiet. Erst Mitte des 20. Jahrhunderts wurde Olbia wieder eine bedeutende sardinische Hafenstadt für Fährschiffe und Tragflügelboote, die Richtung Genua, Livorno und Anzio auf Korsika fuhren. Der Tourismus nahm zu, viele Zuwanderer aus Italien und Frankreich verdoppelten die Bevölkerung. Von den Altertümern blieb nur wenig erhalten. Dafür sorgten der Abrissbagger und die Errichtung von Bettenburgen für die Urlauber und Stadtvillen für die reichen Italiener. Ein Preis, der auf vielen Inseln des Mittelmeeres gezahlt wurde. Da nützen auch die wunderschönen Namen nichts, die die Küstenstreifen von Sardinien erhielten: Costa Smeralda, Costa Paradiso, Costa Dorata und Costa Serena.

In der Marina von Olbia gelang es nach mehrfachem Kreisen einen Liegeplatz zu finden und sich mit dem Hafenmeister zu einigen. Wir hatten noch zwei Stunden Zeit zum Einkauf unseres Proviants in einem Supermarkt. Reinigung des Schiffes, Wasser und Diesel zu bunkern war notwendig.

Rainer, Erika und Jan-Erik nahmen ein Taxi zum Airport. Das Crewmitglied Bettina wurde an Bord lautstark begrüßt.

Wir waren uns einig, dass wir die Costa Smeralda entlang segeln und nach einem kleinen Ausflug ins Landesinnere Sardiniens dieses Eiland der Schönen und Reichen wieder verlassen wollten. Die Straße von Bonifacio mit ihren felsigen Klippen und Höhlen war das nächste Ziel. Mit Bettinas Hilfe stand ich am Steuer und fuhr nicht im Kreis. Es machte Spaß, am Ruder zu stehen, auf die Nadel am Kompass zu achten und selbst aktiv zu sein.

„Da, eine tolle Bucht zum Ankern!", rief Bettina und riss das Steuer herum. Dann flitzten Rainer und Jan-Erik aufs Vorschiff und ließen den Anker fallen, bis er sich im Meeresboden festsetzte. Das Wasser glitzerte in der Sonne und seine Farbe erinnerte an den Edelstein Smaragd. Am Strand sammelten wir Muscheln und schön geschliffene Steine und wateten im lauwarmen Wasser. Wieder an Bord segelten entlang der Küste und an kleinen Inseln, die uns mit steil aufragenden Kreidefelsen beeindruckten, vorbei. Die Straße von Bonifacio zeichnete sich durch viele Felsenhöhlen und Grotten und sowie durch bizarre hohe Granitfelsen aus und machte das Passieren der Einfahrt geradezu abenteuerlich. Unser Schiff wirkte wie eine Nussschale zwischen den himmelanstrebenden Felsen, die hoch oben mit zwei aufeinander zustrebenden Spitzen endeten. Es war das südliche Ende von Korsika, das ein Plateau bildet, auf dem die Altstadt Bonifacio thront. Erst einmal mussten wir in den Yachthafen mit seemännischer Aufmerksam hineinsteuern. Die Kais der riesigen Marina waren gespickt voll belegt mit Yachten aller Arten und viele Seeleute suchten wie wir einen Liegeplatz. Sightseeing-Boote mit lachenden und kreischenden Touristen kurvten zu den Grotten. Die Sucherei zum Anlegen forderte Geduld von Skipper und Crew. Endlich winkte ein freundlicher Skipper uns: „Hier im Päckchen anlegen!" Wir mussten die Fender verschieben und Leinen rüber werfen. Unser Helfer war Hamburger und hatte den Wimpel des DHH am Mast, natürlich Segler von der Yachtschule Elba!

Landfein gemacht stiegen wir mit ihm und seiner Crew die Treppenstraße Rastello hinauf zur Altstadt, Der Seewind tat nach dem anstrengenden Aufstieg wohl. Die Aussicht auf die Marina, Mast an Mast mit Yachten der Sportschiffer aus aller Herren Länder und auf die Fähren, die die Touristen aufs Festland brachten und die Einheimischen, die in hupenden Autos auf der Küstenstraße heimwärts strebten, war ein buntes Kaleidoskop. Das gleißende Meer mit einem dunkelrot-orangefarbenen Sonnenuntergang ließ uns andächtig werden.

Es war wie ein Einfall in das südliche Leben, als wir uns durch die Gassen und Plätze mit vielen Menschen schoben. An malerischen Bogengängen und Toren verführten marktschreierischen Händler mit vielfältigem Warenangebot zum Kauf von Souvenirs. In einem kleinen Restaurant an einer Brüstung mit Blick auf die Unterstadt, Marina und das Meer fanden wir Platz. Unsere neuen Hamburger Segelfreunde hatten wir in dem Menschengewühl verloren, aber unsere Crew war noch vollständig beisammen. Das Speiseangebot war reichhaltig, natürlich Fisch und Meerestiere, aber auch Vegetarisches gab es. Der Kellner empfahl uns einen köstlichen korsischen Wein und eine große Karaffe Wasser, auch Coca-Cola war zu haben.

Weit nach Mitternacht drängten wir uns bester Stimmung durch die Gassen und erreichten die steile Treppenstraße, die wir langsam hinunter balancierten. Endlich entdeckten wir unser

Schiff. Das Bootspäckchen hatte sich erweitert. Wir kletterten über fünf Boote und landeten erschöpft und superschnell in unseren Kojen.

Auf den Nebenbooten hörten wir schon Geräusche. Es gab keine Absprache, wer mit seiner im Päckchen liegenden Yacht zuerst auslaufen wollte. Deshalb beeilten wir uns damit Kaffee zu kochen, den Frühstückstisch zu decken und die Route festzulegen. Die beiden Boote neben uns wollten die Anker lichten. Gab es ein Problem? Skipper Rainer fragte: „Ist etwas nicht o.k.?" Die beiden Männer waren so beschäftigt, dass sie ihn gar nicht hörten. Jan-Erik und Bettina stiegen über die beiden Boote und sprangen auf die Pier.
„Können wir helfen?" „Da ist was mit den Ankerketten passiert. Wir tauchen mal!" Mit Schnorchel, Taucherbrille und Schwimmflossen - und schwupp -waren sie im Hafenbecken. Rainer war auch zum Tauchen bereit und sprang ihnen nach. Als sie wieder auftauchten, schnauften alle drei und prusteten das dreckige Hafenwasser aus.
„Das ist vielleicht ein Ankerwuuling! Es ist nicht festzustellen, wie viele Ankerketten sich verspillt haben!"
Von den sieben Booten, die im Päckchen miteinander vertäut lagen, war keine Ankerkette frei, sie waren verwickelt.
Jeder Tauchversuch scheiterte.
Da kreuzte die Wasserschutzpolizei auf. Sie gaben Zeichen und schrien etwas gegen den Wind. Ein Franzose übersetzte ins Englische und erklärte: „Solche Verkettung kommt hier öfter vor. Sie holen Hilfe." Jens sagte zu Jan-Erik: „Ich finde das spannend!" Da kam das Polizeiboot das Wasser schneidend mit zwei kräftigen, muskelbepackten Männern zurück. Sie warfen einen Blick an die von den Sportseglern bezeichnete Stelle. Dann zogen sie ihre schweren Taucheranzüge an und setzten den Helm über den Kopf schnallten die Sauerstoffflasche auf den Rücken und ließen sich gemächlich in die Hafentiefe gleiten. Sie stapften auf dem Boden hin und her. Mit den Händen packten sie die Ketten und entwirrten sie. Jan-Erik lachte und erklärte: „Das ist wie bei einem Wollknäuel, das sich vertütert hat, bloß schwieriger auseinander zu ziehen, aber die beiden haben Übung und werden es schaffen!"
Einer tauchte auf und zeigte auf die ersten beiden Boote.
Die beiden Skipper sprangen in ihre Schiffe, ließen den Motor an und setzten sich langsam in Bewegung. Unten zog der Taucher die

Ketten auseinander und lichtete die Anker. Die Crewmitglieder kletterten den Niedergang hoch und standen im Cockpit. Winkend und hupend fuhren sie noch eine Runde und dann durch die Hafenausfahrt hinaus aufs Meer.

Die beiden Taucher sanken wieder in die Tiefe und entwirrten zwei weitere Anker.

Vorsichtig versetzte Bettina unser Schiff, damit die nächsten beiden Segler ausfahren konnten, dann folgte ein weiteres Boot. Unsere Ankerkette war mit der letzten Kette so verhakt, dass die Taucher den Anker von der Kette lösen mussten. Jetzt konnte die Ankerwinde die Kette hochziehen. Was nun? Im Hafen gab es einen Laden für Seglerzubehör. Rainer, von einem Polizisten begleitet, erstand einen neuen Anker und verzurrte ihn an der Kette. Die beiden Muskelmänner hatten sich aus ihren Taucherausrüstungen herausgeschält und grinsten. Sie hatten unseren Anker aus dem Schlamm gezogen. Rainer schenkte ihnen das sichtlich begehrte Objekt als Dank für ihre tatkräftige Hilfe.

Die Marina hatte sich geleert, wir suchten uns einen anderen Liegeplatz.

„Den Anker hättest du wohl gern für unseren Garten behalten!" spöttelte Erika.

„Nee, der ist nicht groß genug, fällt Zuhause niemandem auf!" Bettina: „Schade, war wieder nix – also weiter warten und Ausschau halten!"

Jan-Erik und Jens warfen das Schlauchboot ins Wasser und befestigten den Außenbordmotor.

„Wir fahren in die Grotten, mal sehen, was da los ist. Wer will mit?"

Ich ließ mich nicht extra auffordern, kletterte die Außenleiter hinunter und setzte mich ins Boot.

Die beiden Jungs waren vor Übermut nicht zu bremsen und schaukelten heftig. Ich hielt mich fest und tat ihnen nicht den Gefallen über Bord zu kippen.

Es gab viele Höhlen, aber auch viele Neugierige, die hinein wollten. Wir steuerten die erste Grotte an und befanden uns im Finstern. Der Motor wurde ausgestellt und nun paddelten die beiden Helden im seichten Wasser von einer Grotte in die andere. Es wimmelte von Fischen und über Kopf hingen kleine und große Fledermäuse.

„Richtig gruselig!" meinte ich. Dann schrien die beiden: „Dracula! Dracula!"

Sie waren der Überzeugung, der könne hier versteckt sein und würde mir mit seinen scharfen Eckzähnen das Blut aus dem Hals saugen. „Das möchtet ihr Spinner wohl!" entgegnete ich.

Sie pfiffen auf den Fingern und tatsächlich kam ein Echo zurück. Sie paddelten zum Ausgang der letzten Grotte, fanden es zu heiß und kehrten um.

„Endlich wieder Licht!" ich war erleichtert, aber die beiden hatten ihren Spaß, das Boot wieder stark zum Schaukeln zu bringen. Ich konnte mich nicht halten, griff nach Jens und platschte ins Wasser. Jan-Erik schubste Jens, auch dieser ging über Bord. Jan-Erik warf den Außenborder an, umkreiste und verspottete uns: „Nun seht man zu wie ihr wieder zur Marina kommt, ihr könnt ja schwimmen!"

Mit ein paar kräftigen Kraulzügen erreichte ich das Boot und klammerte mich fest.

„Ich will mal nicht so sein und zieh dich hoch!" Das war gar nicht so einfach, beim zweiten Versuch war ich wieder im Boot.

Jens rief so laut er konnte: „Ich brauche euch nicht, so weit ist es nicht bis zur Marina!"

Es war nicht zu fassen, ein Segler hatte ihn an Bord genommen und er war noch vor uns auf unserem Schiff.

Die Strecke von Bonifatius nach Elba segelten wir raumschots. Dieser grandiose Törn endete wieder im Hafen von Portoferraio.

3. Skipper und Bootsfrau sind stolze Eigner der Segelyacht *Seamonster*, Najad 361/64

Ein lebenswichtiger gemeinsamer Entschluss des Silberhochzeitspaares Rainer und Erika, nicht mehr zu chartern, sondern ein eigenes Boot zu erwerben, wurde Wirklichkeit. Die beiden Seglerkinder waren in alle Überlegungen mit einbezogen und nun sollte es von der schwedischen Werft Najad eine Yacht vom Typ 361 sein. Die Gäste des Silberpaares staunten nicht schlecht, freuten sich mit den Eignern und wünschten ihnen „Mast- und Schotbruch und immer eine Handbreit Wasser unter dem Kiel!"

Familie und Freunde waren eingeladen zur Schiffswarmingparty am Freitag, den 7. Juni 1996 ab 17.00 Uhr im Yachthafen Marina Wentorf auf der Segelyacht *Seamonster* mit Rainer und Erika: „Auf der Jungfernreise, die über Oslo, Göteborg nach Laboe bei Kiel führte, hat sich die Yacht in Sturm und Flaute gut bewährt. Sowohl Bequemlichkeit und Komfort, Dusche und Heizung als auch gute Segeleigenschaften - große Geschwindigkeit und hoch am Wind - und besonders die schönen Holzarbeiten auf dem Schiff sind zu bewundern. Freut euch mit uns auf die Yacht, die wir auf den Namen *Seamonster* getauft haben. Das Logo wird in allen künftigen Logbüchern zu sehen sein. Wir und alle Crewmitglieder, die mit uns segeln, werden sicher auch abenteuerliche Erlebnisse haben!"

Die Sektkorken knallten, alle stießen mit klingenden Gläsern auf allzeit gute Fahrt an und feierten fröhlich bis in den Morgen hinein.

1996: Deutschland, Polen, Dänemark: Darß – Kolberg - Bornholm - Rügen - Hiddensee

Am 4. Juli erreichte ich mit meiner Freundin Marlis die Marina Kiel – Laboe und wurde von Astrid und ihrer Familie begrüßt. Als dann die stolzen Eigner eintrafen, wurde das Schiff besichtigt. Wir waren begeistert – ein Segelschiff, seetüchtig und dennoch behaglich.

Bettina war noch beim DHH in Glücksburg und Alexander, Jan-Eriks Freund, würde auch erst am nächsten Tag eintreffen. Hanna und Jürgen gesellten sich dazu im Landhaus Laboe zum Abendessen. Thema war die Yacht und Seemannsgarn von der Jungfernreise.

Die junge Familie fuhr mit ihren müden Kinder, nach Preetz zurück.

Eigner und Crewmitglieder beförderten die Segeltaschen, Getränke und Proviant an Bord. Um 2.30 Uhr war endlich auch für uns Nachtruhe angesagt.

Ich teilte mit Marlis die Vorkajüte. „Ich bin schon ganz aufgeregt", flüsterte sie. Dann fielen uns die Augen zu.

Für das Schiff wurde am nächsten Tag noch Wasser und Diesel gebunkert.

Wir machten einen Spaziergang zum Ehrenmal Laboe.

Erst am folgenden Morgen war dann das junge Volk komplett und hatte sich an Bord eingerichtet. Für Alexander war es eine „Probefahrt". Mit seinen Eltern machte er Urlaub auf Fehmarn und wollte bis Warnemünde mitsegeln.

„Leinen los!"

Marlis beobachtete die Segler und wollte viel über die Yacht wissen. Der Skipper hielt uns bereitwillig einen Vortrag: „Wer die Wahl hat, hat die Qual, es gibt viele Werften, die gute Yachten bauen. Wir entschieden uns für die Najad – Werft in Schweden. Natürlich reisten wir hin und sahen vor Ort die Schiffsbauer. Ihnen ist mit der Najad 361 ein 36 Fuß (11,20 m) Schiff gelungen, das es durchaus räumlich mit bedeutend größeren Schiffen aufnehmen kann. Es hat ein Gewicht von 7,5 Tonnen und eine Masthöhe von 16 m, die Segelfläche beträgt 65 m². Die Ausstattung unter Deck ist aus Erfahrung den Bootsbauern bestens gelungen. Pantry und Dusch- und Toilette wurden in den Mitschiffsbereich gelegt, dadurch ist es auch bei heftigen Schiffsbewegungen noch möglich z.B. zu kochen. In den Vor- und Achterkabinen haben vier Leute Platz. Bei Bedarf können die Sofas im Salon zu bequemen Liegen ausgeklappt werden.

Seitenfenster und Decksluken sind so angebracht, dass es ausreichend hell im Salon und in den Kajüten ist. Für den Innenausbau wurde seidenmatt lackiertes Mahagoniholz verwendet, alle anderen Hölzer sind ebenfalls hochwertig. Die Segeleigenschaften am Wind sind ausgezeichnet, Kiel und Wasserlinie sind so angebracht, dass Steuerung und Wasserströmung am Boot optimal sind. Die Schiffsrümpfe werden von professionellen Inspektoren überprüft und erhalten ein

Zertifikat. Jede Yacht wird auf Bestellung gebaut und kann dann nach ausführlicher Beratung des Kunden so ausgestattet werden, wie es seinen Bedürfnissen und seinem Geschmack entspricht. Jede Najad ist einmalig. Elektronik und Motor sind von bester Qualität. Mängel werden in der Garantiezeit von der Werft behoben."

„Unglaublich, was alles zu so einem Segelschiff gehört!" staunte Marlis und ich ergänzte: „Wir wollen ja nicht beim ersten Sturm untergehen!"

Dann besichtigten wir das Schiff in allen Winkeln. Die Navigationsecke und im Cockpit die Navigationsleiste mit den technischen Angaben war für Marlis von besonderem Interesse, sie kapierte bereits auf dem ersten Törn, was für eine Bedeutung die einzelnen Daten hatten.

„Ihr könnt wirklich glücklich und stolz sein, nach vielen Törns auf Charterschiffen nun Eigner der Najad 361 / 64 *Seamonster* zu sein. Allzeit gute Fahrt!" Und nun ging die Buddel zum Manöverschluck reihum und auch einen für Rasmus über Bord!

Bettina war schon ganz ungeduldig: „Segelsetzen!".

Jeder hatte seine Aufgabe zugeteilt bekommen. Das Großsegel stand schon, nun noch den Spi aus dem Sack gezogen und gesetzt, er blähte sich farbenschön im Wind. Wir segelten vor dem Wind! Alexander begriff durch fachliche Unterweisung von Jan-Erik sehr schnell, was zu tun war und packte hervorragend mit an.

Der Wetterbericht sah nicht gut aus. Erika war sicher, dass es stürmisch werden würde. Nach kurzer Überlegung bargen wir die Segel und warfen den Motor an. Die Marina in Warnemünde ließ kein Boot mehr einfahren, also nach Rostock. Pier und Marina waren dicht belegt. Das wichtigste Ereignis des Jahres, die Hanse-Sail warf ihre Schatten voraus. Viele Oldtimer und Schulschiffe lagen schon an der Pier. Wir hatten Glück, es fand sich ein Liegeplatz für die *Seamonster*. Drei Tage waren wir eingeweht.

In wetterfeste Anoraks gehüllt machten wir uns trotz des böigen Windes auf den Weg in die Stadt Rostock. Bettina brauchte Bootsschuhe. In der Marienkirche interessierte uns die große astronomische Uhr. Alexander brachten wir zum Bahnhof. „Leider mustere ich schon ab, schade", sagte er beim Abschied. Jan-Erik schlug ihm freundschaftlich auf die Schulter: „Du wirst bestimmt wieder auf der *Seamonster* segeln und nach und nach die Segelscheine erwerben!". Er lachte: „Klar, mache ich!" Daran hat er sich gehalten.

Abends mischten wir uns unter das Volk auf der Amüsiermeile und bewunderten die großen Segelschiffe mit ihren hohen Masten. Ein Segler aus den USA war mit einer Frauencrew besetzt. Es gelang Bettina mit der Crew in Kontakt zu kommen. Stolz und bereitwillig lud die Kapitänin sie an Bord ein und zeigte ihr alles Wissenswerte und bemerkte natürlich auch ihre seglerische Kompetenz. Am liebsten hätte Bettina für den Törn über den Teich angeheuert!

Laute Musik aus aller Herren Länder.

Rainer, Marlis und ich schlenderten bis zum Ende des Hafens und gerieten in ein Piratendorf. Die Leute sahen schauerlich aus. Der Oberpirat Teddy spielte Schifferklavier und forderte seine Piraten und die Besucher zum Mitsingen auf. Spät waren wir wieder auf der *Seamonster*. Absacker und ab in die Kojen!

Immer noch heftiger Wind! Rainer wollte Darßer Ort ansteuern. Bevor die Armada der riesigen historischen Windjammer mit voller Besegelung auslief, setzten wir uns in Bewegung, ebenfalls alle Segel gesetzt. Wir standen am Mast im Vorschiff und winkten den vielen Zuschauern auf beiden Seiten der Ausfahrt zu. Die *Seamonster* voran, gefolgt von der „Alexander von Humboldt" mit grünen Segeln, der Dreimastbark „Gorch Fock", Schulschiff der Deutschen Marine, und anderen Schulschiffen, in deren Wanten die jungen Matrosen hingen und beste Sicht auf das bunte Treiben hatten.

Windstärke 6, in Böen 7 8 Bft! Die *Seamonster* rollte. Mich hatte die Seekrankheit erwischt, was mit Spott von den Seebären quittiert wurde. Marlis hielt sich tapfer, später wurde sie auch heimgesucht. Jan-Erik lag auf dem Vorschiff. Die Wogen schlugen auf das Boot. Bettina setzte mit dem Skipper Sturmsegel, Erika stand mit Marlis am Ruder. Dicke, regenschwere, graue Wolken verdüsterten den Himmel. Dann nahm der Wind ab. In Darßer Ort war Ruhe. Es gab nichts, kein Laden für Proviant, kein Strom, kein Diesel, nicht einmal Wasser zum Bunkern! Dieser Ort war noch nicht auf Sportsegler eingestellt.

Bis Kolberg hatten wir einen Nachttörn von 81 sm vor uns Mit dicken Segeljacken und Kapuzen vor Kälte und Regen geschützt, und Rettungswesten zur Sicherheit, hielten Erika, Bettina und Marlis Wache. Nach drei Stunden lösten Rainer, Jan- Erik und ich sie ab. Die Wolken hatten sich nicht verzogen, am Himmel kein Mond, kein Stern, über dem Wasser war es finster und das Meer wirkte gespenstisch leer. Mit dem Fernglas waren Schiffe mit

Steuerbord und Backbord – Beleuchtung, Tonnen und Bojen als Seezeichen auszumachen. Langsam wurde es hell, aber kein Sonnenaufgang, der beeindruckend war. Zum schmalen Frühstück waren alle erwacht und schüttelten sich in der durchdringenden Kälte.

Gegen Mittag setzte sich die Sonne durch und wärmte. Der Wind hatte sich gelegt. Das Schiff lag ruhiger. Gegen 10.30 Uhr erreichten wir den Hafen. An der Pier lagen eine schwedische und eine finnische Yacht, nun kam *Seamonster* aus Deutschland noch dazu. Den Abend nutzten viele Kolberger und Touristen, um sich die Schiffe anzusehen. Inspiziert wurde das Schiff dann von der Hafenpolizei. Die junge, hübsche Polin stieg mit ihren hochhackigen Pumps auf unser neues Schiff. Ihr Kollege folgte ihr. Der Skipper bat sie, die Schuhe auszuziehen, da es für das Holz nicht gut sei. Sie sah ihn verwundert an, dann zeigte er ihr unseren Schuhkorb und auf unsere Bootsschuhe. „Aha", sagte sie und stand barfuß da. Dann sah sie sich unter Deck alles genau an und dann kam das Oberdeck dran. Es war bestimmt keine politische Kontrolle, sondern Neugier. „Dein Schiff?", fragte sie und stellte dann fest: „Ganz neu und schön!"

Ihr Kollege war mehr an der Technik interessiert und ließ sich von Bettina zeigen und erklären, wie das Schiff funktioniert.

„Wohin segeln?"

„Nach Danzig!"

„Besser nicht, davor Wasser nicht frei für euch!"

Wegen der beiderseitigen Sprachschwierigkeiten kriegten wir leider nicht mit, was denn mit der Ostsee vor Danzig los war.

Kolberg war früher eine bedeutende Hansestadt und der Sitz der pommerschen Herzöge. Wir machten uns auf den Weg in die Altstadt mit der Marienkirche aus dem 14. Jh. In dem dunklen Kirchenraum fand sich das Grabmal des Königs Erik I. von Schweden, Dänemark und Norwegen und verwies auf skandinavische Herrschaft in Pommern. Auf dem Marktplatz präsentierten sich das Rathaus und schöne Patrizierhäuser und deuteten auf ehemaligen Wohlstand und sorgfältige historische Restaurierung durch die Polen hin.

In einer kleinen Eisdiele schleckten wir wohlschmeckendes Eis.

Auf unserem Schiff parlierten wir endlos, ob wir Kurs auf Danzig nehmen sollten oder besser nicht. Der schwedische Skipper hatte bereits die Entscheidung getroffen, nicht nach Danzig zu segeln und der Finne hatte abgelegt in Richtung Westen.

Unser Skipper bedauerte das, denn aus irgendeinem unerfindlichen Grund war Danzig für diesen Törn sein Traumhafen. Wir hatten durch die Hanse-Sail in Rostock Zeit verloren. So schlug er als Alternative die dänische Insel Bornholm vor und alle stimmten zu. Der Schwede hatte uns den kleinen Hafen Rügenwalde, polnisch Darlowo, etwa 37 sm entfernt, empfohlen.

Es dunkelte schon als wir Rügenwalde ansteuerten. Das sollte ein Hafen oder gar eine Marina sein? Ein einziger Steg mit Poller, weder ein kleines noch größeres Boot hatte angelegt. Festmachen war kein Kunststück. Da tauchte ein Mann auf, der sich als Hafenmeister auswies und Deutsch sprach. Er verlangte Hafengebühr, aber nicht zu knapp.

„Wenn wir schon in dieser riesigen und superteuren Marina übernachten, stellt sich die Frage, was wir mit dem angebrochenen Abend anfangen", sagte der Skipper mit zerknirschter Stimme und sah mich beschwörend an. Ich schüttelte den Kopf:„Mir ist nichts bekannt außer der Rügenwalder Teewurst!" Da lachten alle: „Du bist ja eine tolle Historikerin!".

Wir haben morgen einen langen Törn vor uns, etwa 10 Stunden bis Bornholm", kündigte der Skipper an. Deshalb alle gleich in die Kojen."

Ein endloser Segeltag mit rausche Fahrt, 6 Knoten Geschwindigkeit und südwestlichen Winden war angesagt und für Marlis und mich, Anpeilen des Horizontes!

„Land in Sicht!", rief Jan Erik, er stand vorn am Mast und beobachtete mit dem Fernglas das Auftauchen der Insel. In der Marina von Neksø legten wir an. Die sommerliche Wärme sorgte für fröhlichen Betrieb im Hafen. Erika erinnerte sich an den ersten Törn mit Bettina und Jan-Erik im Boot. Damals wie heute ist Bornholm eine helle kinderfreundliche Insel weitab von Dänemark vor der schwedischen Südküste. Die Bornholmer befreiten sich bereits im 17.Jh. von Schweden und entschieden sich für Dänemark. Sie führen immer noch ein eigenständiges Leben.

Auf dieser Insel gab es viel zu entdecken. „Wir werden einen ganzen Tag Landgang machen!", schlug Erika vor.

Bornholm mit den meisten Sonnenstunden aller dänischen Inseln erlaubt Anbau von Melonen und vielerlei Südfrüchten.

Im Wald hinter Neksø entdeckten wir große aufgestellte Steine ohne Runenschrift, sie werden Bauna-Steine genannt. Die Burgruine Hammershus, Reste einer wehrhaften Festung, durchstreiften wir und blieben stehen und genossen herrliche Ausblicke auf das blaue Meer.

Wir erreichten auch die vier Rundkirchen, die im Mittelalter bei den Dorfbewohnern bei Gefahr Schutz boten.

Wir liefen immer langsamer und schlichen nur noch die Wege und Straßen entlang. Die Größe der Insel hatten wir reichlich unterschätzt, uns setzte auch nach den rauen Winden an der pommerschen - polnischen Ostseeküste die fast südliche Wärme zu.

Endlich erreichten wir die Fischräuchereien in Rønne. Im Hafen saßen wir vor frisch geräucherten Fischen. Alle behaupteten, noch nie so wohl schmeckenden Räucherfisch gespeist zu haben. Ich hielt mich abseits, erfreute mich an den schönen Keramik- und Glasarbeiten in den Werkstätten und erstand eine schön geformte Glasvase und eine Obstschale aus farblich an Sand und Meer erinnernde Keramik.

Für die letzte Wegstrecke nach Neksø leisteten wir uns ein Taxi. Ein schöner Landtag fand sein Ende. Ausklang mit Wein, Bier, Wasser und Saft. Als Jan-Erik seine Mundharmonika blies, sangen wir Abendlieder und hatten bald eine Schar mit summender Zuhörer vor unserer *Seamonster*.

18. Juli – Bettinas Geburtstag. Mit einem Geburtstagskanon weckten wir sie. Unsere Geschenke erfreuten sie. Auf dem langen Törn mit Seegang und Halbenwind steuerte Bettina von Hand und Marlis wurde seekrank. Rainer lenkte sie mit vielen Späßen ab. Der Wind legte sich und Marlis ging es besser. Das Ziel Sassnitz war erreicht. Am nächsten Tag setzten wir die Fahrt nach Vidden auf Hiddensee war erreicht.

Eine Wanderung führte uns über saftige Wiesen mit einer buntblühenden Blumenpracht nach Klosters. Erika war sehr angetan, dass Marlis Blumen, Gräser und Pflanzen namentlich kannte. Den Besuch im Hause von Gerhart Hauptmann sparte Rainer sich. Er erkundete mit Jan-Erik einen anderen Teil der Insel. Wir gedachten des schlesischen Dichters und erinnerten uns an Aufführungen seiner Dramen: „Vor Sonnenuntergang", „Die Weber" und an den Stummfilm „Hanneles Himmelfahrt".

Die Insel Hiddensee erlebten wir beschaulich, keine Eile, keine Hektik und viel weniger Touristen als auf Bornholm.

Von Hiddensee führten uns Wellen und Winde in den Jasmunder Bodden. vor Schloss Ralswiek ließen wir den Anker fallen. Plötzlich wurden wir von einer Hansekogge umkreist und sehr energisch angerufen: „Verschwinden Sie, Sie liegen im Bühnenbild!"

Nanu? Da war wirklich was los: „Das Störtebeker-Spektakel führen wir auf und können so ein modernes Schiff hier nicht brauchen."

Wir verholten! Jan-Erik und ich paddelten mit dem Schlauchboot von hinten zur Bühne und guckten durch die abgrenzende Bretterwand direkt auf die Freilichtbühne. Auch hier wurden wir weggejagt und waren erleichtert als wir die *Seamonster* erreicht hatten.

Auf das Finale hatten wir einen „Logenblick" von unserer *Seamonster* und hörten den musikalischen Ausklang und erlebten ganz nahe ein zauberhaftes Riesenfeuerwerk.

Für Marlis und mich war es der letzte Segeltag, ein langer Schlag von 35 sm bis Stralsund.

Bettinas Freundin Yvonne stand Arme schwenkend am Hafen und Bettina winkte ihr zu. Sie war von Hannover mit ihrem Auto gekommen, mit dem wir nun nach Preetz fahren wollten.

Anlegen im Hafen, Gepäck vom Schiff ins Auto und umgekehrt. Gemeinsam machten wir noch eine kleine Besichtigungstour durch Stralsund. Diese Stadt blickt auf eine wildbewegte Geschichte zurück. Sie hat Schweden, Preußen und den Sozialismus überstanden. Die drei gotischen Kirchen und das Rathaus mit der sechsgiebeligen Fassade sind im Stadtkern erhalten geblieben. Viele Bürgerhäuser harren nach der Wende noch der Renovierung. Wir schlenderten durch die Straßen. Da hörten wir ein Schifferklavier. Es war Teddy vom Piratendorf in Rostock. Wir begrüßten ihn und seine Mutter pries seine hohe musikalische Begabung und verkaufte uns eine Kassette: „Teddy forever!" Sie gehört immer noch zum Musikbestand der *Seamonster*.

Zurück zum Hafen und alle Mann an Bord. „Mast- und Schotbruch und gute Fahrt!"

Leinen los und abschiedliches Winken.

Marlis und ich fuhren immer an der Küstenstraße entlang nach Preetz. Unser Auto stand vor der Tür, Gepäck umladen und eine Kleinigkeit zum Abendessen. Hanna und Jürgen waren in Ulm zum Tauffest ihrer Enkeltochter Verena. Sie kamen nach Mitternacht in Kiel an. Zum Frühstück gab es viel zu erzählen.

Dann nahmen wir die Strecke nach Braunschweig unter die Räder. Marlis und ich behielten einen vielfarbigen, ereignisreichen Törn auf der Ostsee und mit Landgängen in schöner nordischer Natur und Kultur in Erinnerung.

1997: Schweden: Göta Kanal

Ankündigung des Segeltörns durch Schweden:
„Wir freuen uns sehr auf unseren gemeinsamen Segeltörn. Er wird uns auf dem Göta Kanal über den Vättern- und Vänernsee und durch den Trollhätte Kanal nach Göteborg führen. Eines steht schon jetzt fest: Dieser Törn mit 28 beweglichen Brücken und 64 Schleusen und Schleusentreppen gehört zu den reizvollsten des Ostseereviers."
Rainer machte uns wie immer neugierig!
Marlis und ich starteten mit dem Auto von Braunschweig via Hamburg - Kiel durch Schleswig - Holstein – Dänemark – Fähre Helsingør / Helsingborg in vorgeschriebenem Tempo 120 km/h gen Norden. Über uns wolkenloser blauer Himmel, neben uns gelbe Kornfelder und grüne Wiesen. Viele Menschen waren mit Fahrrädern unterwegs.

Auf halber Strecke in Värnamo fanden wir im Hotel Statt in einem mit IKEA–Möbeln und schönen blau-gelben Vorhängen eingerichteten Zimmer nach einem schmackhaften Abendessen unsere Nachtruhe.
Die anteilnehmenden, freundlichen hübschen Frauen in schwedischer Tracht waren erstaunt über unsere weite Fahrt und unser Vorhaben mit einer Segelyacht durch den Göta Kanal zu fahren. Auf Englisch konnten wir uns gut verständigen und sie schwärmten uns vom Kanal und den beiden großen Seen vor und wünschten uns eine gute Reise.
Endlos ging es nach Nordosten von Småland nach Östergötland. Die Natur erschien uns unberührt, abwechslungsreich mit Wiesen und Wäldern, vielen kleinen und großen Flüssen und Seen. Neben dem großen Fluss Göta -ÄLV entlang der Fahrstraße nutzten Radfahrer die Strecke. Auch für Wanderer war gesorgt. Viele Bänke luden zum Verweilen und Schauen ein. Die Schweden machten durch viele Museen auf ihre über 1000 jährige Geschichte, auf Kultur und Wirtschaft aufmerksam. Im ganzen Land galt das „Allmannsrecht", damit sollte den Schweden und

allen Besuchern ihres schönen Landes bedeutet werden: „Nicht stören – nicht zerstören". Jeder hat persönliche Verantwortung für die Natur, bei aller Freiheit gehört auch Disziplin dazu. Dieses Gesetz wird befolgt, nirgends waren Papier, noch leere Blechdosen oder Flaschen liegen blieben, ein Geheimnis für ein sauberes Land. Marlis meinte, wir könnten davon lernen.

Je näher wir dem Meer kamen, desto hügeliger wurde die Landschaft. Die Schären waren ja bergige Inseln in der Ostsee. Viele Sommervögel, wie die Schweden Schmetterlinge nennen, flatterten durch die blumigen Wiesen. Wasservögel und Singvögel erfreuten uns.

Uns fiel Selma Lagerlöfs zauberhafte Geschichte des kleinen „Nils Holgerssons wunderbare Reise mit den Wildgänsen" ein. Dichterisch beschreibt sie ihre Heimat wie wir sie jetzt erleben. Auch Astrid Lindgren, die weltweit bekannte Kinderbuch- Autorin mit der starken Pippi Langstrumpf und Kalle auf dem Dach und den Kindern von Bullerbü erzählt Geschichten für Kinder und Erwachsene. Nun bereisen wir die schöne schwedische Landschaft als sei sie uns seit Kindertagen vertraut. Die Fahrt durch Schweden war für uns ein Sommertraum.

Ehe wir es uns versahen, erreichten wir Söderköping, den Beginn des Göta Kanals. Auf dem Parkplatz stellten wir unser Auto ab. Wir schlenderten neben dem Kanal entlang bis zum Gästehafen und freuten uns auf die *Seamonster* und ihre Crew. Bis zu ihrem Eintreffen vertrieben wir uns die Zeit und erkundeten das Städtchen, ein Idyll aus dem Mittelalter. Seit dieser Zeit kannte man die Ragnhilds-Quelle, aus der dann viel später eine Wasserkuranstalt „Söderköpings Brunn" und später ein viel besuchter Kurort wurde. Im frühen 19. Jh. wurde dann der Göta - Kanal gebaut, um eine Verbindung zwischen dem Baltischen Meer und der Nordsee herzustellen. Der Kanalbaumeister Baltzar von Platen brauchte viel Energie und Durchsetzungsfähigkeit, bis er die Erlaubnis für den Bau erhielt. Von 1810 bis 1832 dauerte der Bau, für die damalige Zeit ein Meisterwerk. 58 000 Soldaten und Handwerker gruben den Kanal von Hand aus, dieses lasen Marlis und ich mit Erstaunen auf einer Zeittafel im Gasthafen von Söderköping. Entlang des Kanals liegen Herrensitze und Schlösser, aber auch Bauernland mit kleinen Höfen und Katen. Im Museum in Motala entdeckten wir später dieses Stück schwedischer Geschichte sehr anschaulich dargestellt.

In einem Café genossen wir beide leckeres Eis. Marlis hatte einen riesigen "Mexiko - Becher", in Erinnerung an unsere gemeinsame Reise durch Mexiko im Frühjahr, bestellt. Von der felsigen Höhe, auf der das Café stand, konnten wir alle einschleusenden Schiffe sehen. Es wurde Abend, die Sonne sank im Westen. Wir waren die letzten Gäste, unsere schwedischen Kronen reichten nicht zur Bezahlung der großen Eisbecher. Wir versuchten der netten Bedienung zu erklären, warum wir kein schwedisches Geld hatten und wir auf ein Segelschiff aus Hamburg warteten. Ein Blick nach draußen: „*Seamonster* kommt!" schrie ich und flitzte nach unten zur Einfahrt. Als ich auf Bootshöhe stand, rief ich: „Gebt mir bitte 10 schwedische Kronen!" Niemand kapierte das und nun war es ein zu endlosem Palaver führendes Streitgespräch. Erst als das Anlegemanöver störungsfrei geschafft war, sprang der Skipper von Bord und fauchte mich nun seinerseits an, sie seien zu spät weggekommen und hatten die Zeit für die Schleuserei nicht richtig einkalkuliert. Darum ging es doch gar nicht. Schließlich gab er mir 10 Kronen und ich konnte Marlis gewissermaßen im Café auslösen. Viele Zuschauer vor unserer schönen Yacht sahen dem Spektakel zu und lachten.

Gemeinsam gingen wir geruhsam durch das Städtchen. Wir nahmen unser Gepäck aus dem Auto gleich mit an Bord. Der Crewwechsel sollte erst morgen nach dem Frühstück erfolgen, da es heute viel zu spät war für die lange Strecke durch drei nordische Länder nach Preetz.

„Hast du für dein Amt als Kulturmanagerin was Tolles zum Vorlesen mitgebracht?", fragte der Skipper. Ich nickte und eröffnete die Lesung mit dem spannenden Krimi „Die Leiche im Göta Kanal". Dieses vergangene Abenteuer begleitete uns bis nach Motala. Bereits der Anfang wurde wohlwollend aufgenommen. Gemeinsames Frühstück, dann schleppten Hanna und Jürgen ihre bunten Segeltaschen zum Auto und verabschiedeten sich mit Wünschen für einen guten Törn.

Für uns begann nun die Reise durch die vielen Brücken und Schleusen. Marlis hatte ihren Spaß und lenkte unser Schiff. Jan-Erik und Alexander amüsierten sich über ihren Eifer. Sie wurde nach jeder weiteren Schleuse immer besser und „treidelte" wie ein Profi.

In den vielen Gasthäfen entlang des Kanals trafen sich jeden Abend Segler wieder. Uns war eine dunkelblaue Segelyacht mit

Namen *Blåtunge* aufgefallen. Der Skipper sah mit seinem weißen Wuschelschopf und seinem weiß-graumelierten Rauschebart wie der König der Wikinger aus. Er hatte eine blonde Frau dabei, die sich aber selten blicken ließ.

Unsere beiden Jungs fanden das Boot und den Seebären interessant und dachten darüber nach, wie man an ihn heran kommen könnte.

Da an seinem Boot der Danebrog flatterte, war er Däne.

Im nächsten Hafen war Einkaufen angesagt. Als wir mit dem vollbeladenen Einkaufswagen über den Steg schoben und den Proviant ins Schiff beförderten, sprach der Skipper von *Blåtunge* uns an. Er sprach Deutsch: „Woher kommt ihr?" Rainer kam hinzu und die drei Männer unserer Crew luden ihn nach dem Abendessen zu einem Glas Wein oder Bier ein. Bis spät in die Nacht erzählte er von Törns über alle Weltmeere mit diesem seetüchtigen Schiff.

Erika trug ihm einen Gruß an seine Bootsfrau auf.

In jedem Hafen kamen wir uns näher.

Einschleusen war immer erst möglich, wenn die großen Passagierschiffe, die *Juno* und zwei andere, mit fröhlichen Gästen passiert hatten.

Am Ende des Kanals kam Barbro auch mit an Bord. Sie sprach akzentfrei Deutsch.

Der große Vätternsee lockte zum Ankern und Baden, auch wenn das Wasser kühl war. Der Wind briste auf und wir setzten die Segel.

Über den Vänernsee erreichte man den Trollhätte Kanal. Dieses Gewässer schien mir schon wie das Meer.

Die *Blåtunge* holten wir auch wieder ein. Torben, so hieß der Skipper, und Barbro freuten sich uns wieder gefunden zu haben und luden uns zum Abendessen ein. Nachdem wir im Hafen angelegt hatten, paddelten wir mit den Schlauchbooten bis zu einem burgartigen Kloster. Es war historisch interessant und die Speisen waren köstlich. Auch der Wein war sehr gut und hatte natürlich in Schweden einen stolzen Preis. Wir erzählten uns viel und waren erstaunt, dass beide Deutschland gut kannten. Barbro hatte aus der Zeit des Dritten Reiches keine guten Erlebnisse mit Deutschen. Deshalb war sie heute glücklich, so liebenswerte Menschen aus dem Nachbarland kennen gelernt zu haben in der Hoffnung, dass Deutschland sich verändert. Wir werden einen schönen, besinnlichen und auch fröhlicher Abend in Erinnerung behalten.

Flaute auf dem riesigen Binnensee Vänern. Motoren bis zum nächsten Hafen Vänersborg.
Der Skipper forderte die Crew zum Schweigen und Hinhören auf. Mit dem Motor stimmte was nicht. Der Motor unserer *Seamonster* war stehen geblieben. Zunächst Schreck! Doch der wind- und wetterfeste Fahrensmann Torben schleppte mit seinem „Wikingerboot" unser Schiff in den Hafen. Etliche Segler und der Hafenmeister wunderten sich über das eigenartige Bootsgespann. Barbro kommentierte den Schaden: „Dolle Yacht, aber funktioniert nicht!"

Es dauerte, bis wir die Werft geordert hatten. Der Manager der Werft begrüßte die Eigner mit Bedauern. Über seinen PC erschlossen sich ihm alle Daten: „Klar doch, ist noch Garantie drauf, morgen kommt ein Ingenieur und untersucht den Schaden." So schnell ging es dann doch nicht.
Der Skipper schlug uns eine Elch - Safari vor, damit wir den Ärger vergessen konnten und den Urlaubstag nutzten
Statt auf See ging es nun auf Elch - Safari mit „Elchgarantie". Torben erzählte uns tolle Geschichten von den gewaltigen Tieren mit den großen Elchschaufeln. Wir holten eine Wandergruppe ein. Der Förster begrüßte Torben und uns freundlich. Dann bat er um Schweigen, damit wir die Tiere des Waldes nicht verscheuchten. Tatsächlich zeigte sich zum Greifen nahe ein Elch und schritt majestätisch davon.
Für alle gab es noch schwedisches Smørrebröd mit Rentierschinken und frisches Quellwasser zum Durst löschen. Zum Abschied erhielten zur Erinnerung an die Elch – Safari einen kleinen Elch mit blaugelbem Käppi zwischen den Elchschaufeln geschenkt. Einer sitzt immer noch am Mast auf dem Tisch im Salon der *Seamonster*.
Torben lud Jan-Erik auf sein Schiff ein: „Ich möchte dir mal was Wichtiges zeigen!" Es musste wirklich etwas Besonders sein, denn Jan-Erik kam erst nach fast zwei Stunden wieder auf die *Seamonster*. „Torben ist ein toller Mann. Was er mir erzählt hat, darf ich euch noch nicht verraten!"
Am nächsten Morgen gegen 10.00 Uhr erschien der Ingenieur von Volvo Penta .Nach fünf langen Tagen war der Motor endlich repariert.

Marlis war wegen der Rückreise besorgt. Ich hatte bereits auf der Fähre von Göteborg nach Kiel zwei Kabinenplätze gebucht und Hanna und Jürgen waren verständigt.

Jan-Erik hatte Geburtstag. Mit einem Geburtstagslied und Geschenken begann der Tag. „Hört mal hin!", rief Jan-Erik. Auf der Klarinette blies Torben eine wunderbare Melodie vor seinem Boot über die Marina und endete mit seinem Glückwunsch „Happy Birthday, lieber Jan-Erik..."

Schnell war er mit Babro auf der *Seamonster*. „Du wirst heute 18 Jahre alt und bist volljährig, alles Gute für den Einstieg ins Erwachsenleben!". Er schüttelte ihm kräftig die Hand.

„Habt ihr schon gehört, was wir beide gestern besprochen haben?" fragte Torben. Er erzählte von seinen Logbüchern und seiner Atlantiküberquerung.

Jan-Erik fiel ihm begeistert ins Wort: „Diesen Törn müssen wir auch machen!"

Torben ergänzte:„Skipper Rainer, mit dem Boot und dem Sohn wirst du die Columbus-Route über den Atlantik schaffen!"

Torben und Barbro und die Crew der *Seamonster* brachten Marlis und mich mit Sack und Pack zum Linienbus nach Göteborg. Unsere Tickets für die Überfahrt nach Kiel lagen bereit. Einchecken und Einrichten in unserer Kabine war schell erledigt.

In dem schönsten Restaurant auf der Fähre *Nils Holgersson* wählten wir einen leckeren Elchbraten mit Beilagen und tranken sogar einen süffigen Bordeaux dazu.

Uns zog es auf das Oberdeck. Wir suchten am klaren Nachthimmel nach den uns bekannten Sternbildern. Das Meer tief unter uns raunte uns Melodien zu.

Kurze Nachtruhe, zum Sonnenaufgang standen wir wieder auf dem Oberdeck, ein krönender Abschluss eines ereignisreichen Törns. In Kiel am Oslo-Kai nahmen Hanna und Jürgen uns in Empfang. Von Preetz nach einer Verschnaufpause mit kleinem Imbiss fuhren wir heimwärts nach Braunschweig.

1998: Deutschland, Dänemark, Schweden, Norwegen: Ostsee - Kattegat - Oslofjord

Fax von Skipper und Bootsfrau:

„Es ist wieder Segelzeit! Wir freuen uns auf unseren gemeinsamen Törn, er wird uns über Dänemark und Schweden in die reizvolle Fjordlandschaft von Norwegen führen."

Dänemark und die Schären der schwedischen Küste waren vertraut durch erlebte Törns, Jan-Erik hatte seinen Sportseeschifferschein und das Sprechfunkzeugnis geschafft und seinen Vater wieder ein Stück eingeholt.

Oslo, die Hauptstadt Norwegens, war Höhepunkt unserer Reise. Im Stadthafen von Oslo legten wir in der Marina für Sportboote an und machten uns landfein für den ersten Stadtbummel.

Die Karl Johans Gate führte in die Innenstadt mit Schloss, Storting für das Parlament, Theater und Universität. Vor dem modernen Rathaus zögerten wir, entschlossen uns dann doch zu einer Besichtigung mit Führung in deutscher Sprache. Nur wenige Touristen aus Deutschland fanden sich zusammen. In der Eingangshalle fallen die großen Wandmalereien norwegischer Künstler auf. Die beiden Hauptthemen „Norwegen an der Arbeit" und „Norwegen während der deutschen Besetzung" unter Hitler - Deutschland stimmten uns sehr nachdenklich. Begegnungen und Gespräche mit Norwegern waren freundlich und entgegenkommend ohne Feindseligkeit.

An der Flaniermeile im Hafen fiel die Wahl des Restaurants schwer, dicht an dicht standen Tische und Stühle, Kellner und Serviererinnen in norwegischen Trachten luden zum Essen ein. Im hohen Norden fühlten wir uns wie in südlichen Ländern. In den Tagen und Nächten um Mittsommer waren die Menschen in ausgelassener und beschwingter Stimmung. Oslos geschichtsträchtigster Bau, die angestrahlte Festung Akershus hob sich vor dem Himmel ab und zog die Blicke auf sich.

Der nächste Tag war dem Vigeland-Park gewidmet. Der Bildhauer Gustav Vigeland (1867 – 1927) hat auf einem riesigen Gelände monumentale Plastiken in Gruppen oder auch als Einzelfiguren aufgestellt und huldigt den Lebensaltern der Menschen. Unvergessen blieben uns die Gestalt eines kleinen Jungen, den er „Trotzkopf" nannte und die 17 Meter hohe Granitsäule mit unzähligen nach oben strebenden Menschen, eine Hommage an das Leben.

Der Fußweg zurück durch die Straßen führte an schönen Häusern und Gärten vorbei. Unsere Zeit reichte noch für einen Besuch im Museum für den bekanntesten Maler Norwegens, Edvard Munch.

„Der Schrei", das Gemälde, das uns von Postkarten bekannt war, berührte als Original und auch seine vielen Bilder, die dem Expressionismus zugeordnet werden. Auch hier war an einer Tafel vermerkt, dass der Nazistaat es fertig brachte, 1937 82 seiner Werke als entartete Kunst aus deutschen Kunstmuseen zu entfernen. 1963 hat die Stadt Oslo ihm dieses Museum für wechselnde Ausstellungen aus seinem umfangreichen Nachlass gewidmet.

Ich wies auf den deutschen Maler des Nordens Emil Nolde hin. Wir erinnerten uns an Besuche in Niebüll mit seinem schönen Garten und viele Bilder über das Meer.

Erika hatte zu Verwandten, die in der Nähe von Oslo lebten, Kontakt aufgenommen. Sie hatten uns herzlich zu einem Besuch eingeladen. Wir erfrischten uns und zogen uns sommerliche Kleidung an. Nach Überquerung einer Brücke standen wir sehr schnell vor ihrem typisch norwegischen Holzhaus umgeben von einem Garten mit Blumen, Kräutern und Gemüseanbau. Erikas Cousinen waren Schwestern, sie hießen uns mit Anno, der aus Cuxhaven zu Besuch war, willkommen. Mit ihnen verlebten wir einen interessanten Nachmittag und trotz des heftigen Regens an den Schären viele Feuer zur Feier der Mittsommernacht mit Grillen, Musik, heimatlichen Liedern und Tanz der norwegischen Frauen und Männer in übermütiger und vergnügter Stimmung, die auch auf uns übersprang.

Am nächsten Tag war Segeln auch für die norwegischen Cousinen angepeilt. „Seamonster und die Crew fühlen sich geehrt, euch an Bord zu haben!", sagte der Skipper lachend und bot den Manöverschluck an. Es war ein vergnügter Törn.

Die Fähre „Prince Harald" nach Kiel nahm mich am späten Abend auf. Nach dem Einchecken brachten Anno und Rainer mich in meine Kabine. Ich verabschiedete mich von den norwegischen Cousinen und Anno und der Crew.

Skipper, Bootsfrau und Bettina, Jan-Erik hatten noch den langen Törn bis Bergen vor sich, auf den ich verzichten musste, weil mich die Pflicht rief.

Die Westküste Norwegens war ein interessantes Segelrevier. Die Fjorde, die von über 1000 m in die Tiefe stürzende Granitfelsen gerahmt werden und die Gletschermündung im Sognefjord waren faszinierende raue und einsame Landschaften.

Vater und Sohn segelten anschließend non-stopp über die Nordsee zu den Shetland Inseln und danach bis nach Holland bei Sturm. In der Marina Makkum nahmen die Niederländer sie in Empfang. Hier hatte die *Seamonster* ihren Liegeplatz.
Erika und Bettina durchwanderten sportlich den norwegischen Nationalpark Hardangervidda. Mit der Fähre kehrten sie nach Deutschland zurück

1999: England, Frankreich, Belgien, Niederlande: Englischer Kanal - Niederländische Kanäle

Nachricht per Fax vom Skipper der *Seamonster*: „Wieder Segelzeit! Wir freuen uns auf unseren gemeinsamen Englandtörn. Er wird uns über die englische Südküste und die reizvolle Stadt Amsterdam führen. In Brighton werden wir dich am Bahnhof abholen. Du wirst Hanna und Jürgen ablösen. In Amsterdam wird Bettina an Bord kommen, um mit uns den restlichen Törn nach Makkum zu segeln".

Das war es, knappe Ankündigung und bestimmt wird es wie immer Überraschungen geben.
Flug von Hannover nach Airport London – Heathrow und Airbus nach Victoria-Station und von dort mit der Bahn nach Brighton. Alles o.k., wenn bloß die Segeltasche nicht so schwer wäre. Die Briten erwiesen sich als Gentlemen und halfen mir, durch das Londoner Labyrinth bis nach Brighton zu finden. Da stand dann die Crew der *Seamonster* parat und mit der ältesten elektrischen Eisenbahn auf dem Electric Railway zwischen Pier und Black Rock erreichten wir die Brighton Marina mit Liegeplätzen für 2000 Yachten neben dem Badestrand.

Check-in, dann ging es zu fünft in den britischen Trubel auf der Promenade. Überall Fish and Chips, die superduftende Gerüche verbreiteten. Vor uns lag Palace Pier hell beleuchtet unter blauer Kuppel mit goldgelben Streifen. Der Royal Pavillon wirkte verstaubt Der Park hingegen war zauberhaft mit Blumen, Beeten und einem englischen Rasen angelegt, der wie ein samtener Teppich aussah. Von einem hohen Sockel schaute mit strengem Blicke Queen Victoria auf das moderne Gewusel, neben ihr Prinzgemahl Albert. Auf einen Besuch des Brighton-Museums und der Art Gallery verzichteten wir. Gemessenen Schrittes, dem

56

britischen Temperament angepasst, erreichten wir die Lanes und waren angetan von den Geschäften, die chice Mode und edlen Schmuck anboten. Ich blieb wie immer vor den vielen Buchhandlungen stehen, ging aber lieber nicht hinein, um mich nicht der Versuchung auszusetzen ein Buch über Queen Victoria und ihre Zeit zu kaufen.

In einem Pub nahmen wir eine kleine Mahlzeit zu uns und tranken Ginger Ale.

In der Nacht träumte ich und fand alles „very british".

Mit einem Linienbus fuhren wir die Küstenstraße entlang bis zu der kleinen Stadt Chichester mit alten Bürgerhäusern. In der über 900 Jahre alten Kathedrale sind romanische und gotische Bauelemente wunderbar miteinander verschmolzen. Rundbögen stammen aus normannischer Zeit und eine schön gestaltete Chorschranke aus dem 15. Jahrhundert. Das herrliche Kleinod eines Fensters von Chagall in seinen blauen und roten Farben war der Grund, der uns in diese Kirche gelockt hatte. Wir waren glücklich, wieder ein Werk dieses großen Meisters der Malerei und der vielen Glasfenster in Europa, Amerika, Jerusalem und nun auch in England bewundern zu können.

Jürgen und Hanna nahmen den Überlandbus nach London, und wir drei legten ab und segelten im Englischen Kanal bei klarem Wetter an den Kreidefelsen, den „Seven Sisters" entlang. Nicht nur der Kreidefelsen der Isle of Wight mit seinen „Needles" westlich des alten Leuchtturms hat gefährliche Races mit starken Strömungen, sondern auch in dem Teil des Kanals, den ich jetzt mit Skipper und Bootsfrau durchschipperte, türmten sich plötzlich hohe Wellen, die nur durch gutes seglerisches Können und jahrelange Erfahrung in unterschiedlichen Gewässern zu meistern waren.

Mit 5 – 6 Knoten Geschwindigkeit fuhren wir im Kanal bis zur Strait of Dover.

In der Marina von Dover legten wir an und erkundeten die Stadt. An der Pier mit Blick auf das Wasser erinnerte ein Soldaten-Ehrenmal an den Zweiten Weltkrieg. Vom Hafen aus sahen wir die riesigen ins Wasser abstürzenden White Cliffs, auf denen das Dover Castle, die größte und älteste Festung des britischen Königreiches abweisend steht. Von diesem grandiosen Felsmassiv mit der Festung ließ Shakespeare sich für seine Königsdramen inspirieren. Im Zweiten Weltkrieg war im Tunnellabyrinth unter der Festung eine geheime Kommandozentrale eingerichtet, die u.a.

auch die Überfahrt zur Normandie überwachte und mit den Amerikanern das Ende des Krieges von Westen her einleitete. Von der Festung hatten wir einen Blick auf den Hafen und das Ein- und Ausfahren der Fährschiffe. Viel Bewegung und Geschäftigkeit zog uns nach unten. Auf einer Brücke mit Glaswand als Windschutz beobachteten wir die Hoovercraft – Luftkissenboote, die mit hoher Geschwindigkeit den Kanal nach Calais überquerten.

Auch wir wollten von Dover nach Calais. Bei auflaufendem Wasser mit starker Strömung liefen wir in den Hafen von Calais ein und schafften auch diese seemännische Herausforderung.
In Calais legten wir vor einer Treppe an einer Mooring an. Der Rathausplatz war unser Ziel. Die sechs standhaften „Bürger von Calais", ein Gedenken an den 100 jährigen Krieg zwischen England und Frankreich im 14. Jh. und die Belagerung der Stadt durch die Engländer. König Edward III. verlangte die Schlüsselübergabe der Festung und der Stadt als Zeichen der Kapitulation. Der Bildhauer Auguste Rodin (1840 – 1917) hat diesen verzweifelten Augenblick meisterlich gestaltet und wir standen nun bewundernd vor diesem Werk.
Das Wasser war bereits aufgelaufen. Viele Yachten hatten den Hafen bereits verlassen. Auch wir legten ab und steuerten vorsichtig in den englischen Kanal. Die Fahrt führte vorbei an den berüchtigten, gefürchteten flämischen Bänken bis nach Blankenberge. Durch die Roompotschleuse gelangten wir von der Nordsee in die Binnengewässer Hollands. An Kanälen liegenden Wohnviertel von Rotterdam vorbei erreichten wir die Schleuse Algerabrug. Auf der stehenden Mastroute fuhren wir um Mitternacht durch die Grachten von Amsterdam. Um 2:45 Uhr machten wir an einem Liegeplatz am Hauptbahnhof fest. Am Morgen holten wir Bettina vom Bahnhof ab und durchstreiften die Stadt mit vielen Menschen aller Hautfarben, ein Erbe aus der niederländischen Kolonialzeit. Bettina schlug vor, das Haus, in dem Anne Frank und ihre Familie untergetaucht waren und von mutigen Amsterdamer Bürgern in ihrem Versteck versorgt wurden, zu besuchen. Wieder eine erschütternde Erinnerung an Nazi - Deutschland.
Die *Seamonster* brachte uns zeitgerecht nach Makkum. Das Schiff war geputzt und die Taschen waren gepackt und konnten in das geparkte Auto verladen werden. In dem gemütlichen Restaurant

des uns lange bekannten niederländischen Wirtes aßen wir leckere Pizzas und plauderten mit ihm über Ereignisse aus aller Welt.

Ein ganz anderer Törn in Segelrevieren mit neuen Herausforderungen wird uns unvergesslich bleiben.

4. Atlantiküberquerung: ARC
- die große Herausforderung

Jan-Erik hatte Torben, den dänischen Seebären mit seinem Wikingerboot *Blåtunge* und seine Geschichten und den Einblick in die Logbücher über die Atlantiküberquerung, nicht vergessen und sich mit diesem Törn immer wieder beschäftigt und im Internet nach Möglichkeiten Ausschau gehalten.

Weihnachten hieß das große Thema „Atlantik Rundreise". Jan-Erik hatte seinen Vater bereits gewonnen und dann auch seine Mutter und schließlich begeisterte sich die bewährte Familiencrew und viele Freunde und Freundinnen ebenfalls dafür. Da ich die Planung dieses Törns so spannend fand, lasse ich nun den Skipper Rainer und sein Crewmitglied Jan-Erik und seine Bootsfrau Erika erzählen, wie denn der Törn verlaufen sollte, nun in richtiger Seglersprache.

Atlantik Rundreise 2000 bis 2001

Liebe Freundinnen und Freunde der vereinigten *Seamonster* – Crew!

So langsam aber sicher wird die Sache ernst: Im Spätsommer nächsten Jahres bricht die *Seamonster* auf, um einmal rund um den Nordatlantik zu segeln!

Um ein wenig die Vorfreude auf dieses Ereignis in Schwung zu bringen und die Terminplanung zu konkretisieren, habe ich hier einige Informationen und den Stand der Planung zusammengetragen:

1. Etappe
- von Makkum nach La Coruna
- von Sa. 5.8. bis Sa. 2.9.2000 (4 Wochen)
- Distanz: ca. 950 sm
- Skipper: Jan- Erik, Crew: Bettina, Alex

Die Route

Los geht es von Makkum, dem Liegeplatz der *Seamonster*, und von dort entweder über das Ijsselmeer und Amsterdam oder auf direktem Weg zur Nordsee. Nach der holländischen und belgischen Küste beginnen die Straße von Dover und der Englische Kanal, in dem wir uns direkt an der französischen Küste halten oder zunächst am englischen Ufer entlang segeln können. Die Kanalinseln sollten wir auf keinen Fall links liegen lassen bevor es ab der Westspitze Frankreichs 370 sm ohne Zwischenstop die Biskaya zu bewältigen gilt!

Klima und Seegebiet

In der südwestlichen Nordsee und im Englischen Kanal erwarten uns zu dieser Jahreszeit hauptsächlich Winde aus W und SW (folglich genau aus der Richtung, in die wir wollen), Stärke 4 und eine durchschnittliche Wellenhöhe von 1 m, die zum Westausgang des Kanals hin zunimmt. Gleichzeitig dominieren in diesem Gebiet die relativ starken Gezeitenströme, so dass die hohe Kunst der Stromnavigation gefordert ist! In der Biskaya werden die Wellen eine durchschnittliche Höhe von 1,5 m erreicht haben, die Winde wehen ebenso stark wie im Englischen Kanal, allerdings mehr aus dem NW-Quadranten und im Südteil sogar aus N-NE.

Je mehr die Distanz zum Ufer zunimmt, desto mehr verlieren die Gezeiten an Einfluss; an ihre Stelle kann ein nach Süden setzender Strom bis zu 0,5 kn auftreten. In Spanien angekommen, erwarten uns nicht nur 18 ° C Wassertemperatur und 23 ° C Lufttemperatur (laut Klimakarten), sondern auch imposante Felsenküsten, kleine Fischerdörfer, in denen die Fischer allerdings nicht mehr rücksichtsvoll gegenüber Yachten sein sollen, Stierkämpfe und Paella! (na super).

An-/ Abreise und Crewwechsel

La Coruna ist an das spanische Bahnnetz angeschlossen und der Internationale Flughafen von Santiago de Compostella ist in 30 Minuten zu erreichen... Crewwechsel kann auch von Amsterdam oder Cherbourg eingeplant werden.

2. Etappe

- von La Coruna nach Malaga
- von Sa. 2.9. bis Sa. 14.10.2000 (6 Wochen)
- Distanz: ca. 660 sm
- Skipper: Rainer
- Crew: Erika, Hanna und Jürgen (beide bis oder ab Lissabon), Elisabeth

Die Route

Nachdem das Kap Finisterre 70sm von La Coruna gerundet ist, haben wir die Westküste der iberischen Halbinsel vor uns. Im Nordteil sind besonders der weit ins Landesinnere einschneidende Flusslauf des Ria de Arosa und die Stadt Bayona landschaftlich und kulturell interessante Reiseabschnitte. An der portugiesischen Küste lässt sich ca. alle 15 – 20sm ein kleiner, anlaufbarer Hafen finden, so dass wir in Tagesetappen südwärts segeln können. Auf dem Weg liegen Porto, Lissabon, die Algarveküste und Cadiz. Von der spanischen Südküste geht es dann auf den knapp 500sm langen Schlag nach den Kanarischen Inseln, in denen wir noch ca. zwei Wochen verbringen wollen.

Klima und Seegebiete

An der Küste der Iberischen Halbinsel kommen wir in den Einflussbereich des Portugiesischen Norders der relativ konstant mit ca. 5 Bft von Norden her weht. Gleichzeitig setzt der Portugal Strom im Mittel mit 0,5kn Richtung Süden ein. In der Straße von Gibraltar herrschen vornehmlich West- oder Ostwinde. Eine konstante Meeresströmung vom Atlantik ins Mittelmeer wird von den auftretenden Gezeitenströmen verstärkt oder bei entgegengesetzter Richtung kompensiert. Sind wir einmal von der spanischen / portugiesischen Küste frei, besteht gute Chance, eine Brise aus dem nördlichen Quadranten zu finden, die uns zusammen mit dem Kanaren-Strom zu den Kanarischen Inseln trägt, weshalb diese Überfahrt sehr angenehm werden dürfte, Die Wasser- bzw. Lufttemperatur beträgt zum Zeitpunkt unseres Aufenthaltes in Portugal im Mittel 18 ° C, auf den Kanaren ist die Wassertemperatur mit 22 ° C ebenfalls genauso hoch wie die Lufttemperatur.

An- / Abreise und Crewwechsel

La Coruna ist an das spanische Bahnnetz angeschlossen und der internationale Flughafen von Santiago de Compostella ist ca. 30 Minuten von La Coruna erreicht. Günstige Orte für Crewwechsel sind Leixoes (über internationalen Flughafen in Porto), Cadiz oder Gibraltar (entweder über England nach Gibraltar Airport oder Malaga Airport und dann mit dem Bus); auf den Kanaren die internationalen Flughäfen von Gran Canaria und Lanzarote.

3. Etappe
   – von Malaga nach Las Palmas (Gran Canaria)

- von SA. 14.10. bis SA. 18. 11. 2000 (5 Wochen
- Distanz: ca. 500sm
- Skipper: Rainer, Crew: Erika, Jan-Erik

4. Etappe
- von Las Palmas (Gran Canaria) nach Rodney Bay (St. Lucia)
- von Sa. 18.11. bis Sa. 9,12, 2000 (3 Wochen
- Distanz: ca. 2800sm
- Skipper: Rainer, Crew: Jan-Erik

Die Route
Nach einer Woche Vorbereitungszeit in Las Palmas geht es mit dem ARC 2000 und etwa 200 Fahrtenyachten über den Atlantik nach St. Lucia. Die Fahrzeit für diese Strecke liegt bei einer Durchschnittsgeschwindigkeit von 6 kn bei 19,4 Tagen!
Klima und Seegebiet
Nachdem wir von der Inselgruppe der Kanaren freigekommen sind, setzt sich unsere Fahrt in SW-liche Richtung fort um in die Passatwind Zone zu segeln. Der Wind kommt hier mit 70% Wahrscheinlichkeit aus NE oder E mit durchschnittlich 4 Bft.

5. Etappe
- von Rodney Bay (St. Lucia) zu den Inseln der kleinen Antillen und Virgin Island bis Antigua
- von Sa. 9.12. 2000 bis 2.2. 2001 (8 Wochen)
- Skipper: Rainer
- Crew: Erika, Jan-Erik, Elisabeth, Hanna und Jürgen

Die Route:
Mit Ausnahme von Barbados, das östlich der Inselkette liegt, befinden sich alle Inseln der Kleinen Antillen in Sichtweite der nächsten Insel. Dies ermöglicht kleine Schläge von Insel zu Insel, für jede Insel können wir uns viel Zeit lassen!

Klima und Seegebiet
Von Dezember bis Mai liegen die Inseln der Karibik im Einflussbereich des Passats. Die Folge: optimales Segelwetter bei

konstantem Wind, 25 ° C Wasser- und 26 ° C Lufttemperatur. Auf den Leeseiten der Inseln liegt man in der Regel geschützt in Ankerbuchten, weniger häufig in Häfen, so dass wir mit dem Schlauchboot die Landgänge beginnen müssen.

Auf den Passagen zwischen den Inseln kommt man in den Genuss der vollen Atlantikdünung, die über eine Anlaufstrecke von 3000sm heranschwappt.

An- / Abreise und Crewwechsel

Die folgenden Inseln eignen sich, da sie über einen internationalen Flughafen verfügen:

St. Lucia; Flughafen Hewanorra
Grenada; Flughafen Point Salines (Flüge über England)
Mar Monique; Flughafen Fort-de France (über Paris)
Antigua; V.C. Bird International Airport (über England)

Vom Flughafen zum Liegeplatz werden wir wohl selbst den Abholservice mit Taxi, Leihwagen oder Bus organisieren. Falls jemand unbedingt auf einer anderen Insel als den genannten an Bord kommen will, geht das auch, solange eine geeignete Bucht oder ein Hafen vorhanden sind. Nach dem Studium der nautischen Handbücher für die Karibik wird sich vorab klären lassen.

6. Etappe
- von Antigua zu den Inseln der kleinen Antillen, Virgin Island bis San Juan auf Puerto Rico
- von Sa. 10.2. bis Sa. 31.3.2001 (7 Wochen)
- Skipper: Jan-Erik
- Crew: viele Freunde und Freundinnen, die noch nicht eindeutig entschlossen sind

7. Etappe
- von San Juan nach Bermuda
- von Sa. 31.3. 2001 bis Sa. 21.4. 2001 (3 Wochen)
- Distanz: ca. 940sm
- Skipper: Jan-Erik, Crew: Bettina, Alex

Die Route

Die Bermuda Inseln liegen nördlich der Virgin Islands und sind von dort aus ca. 900sm entfernt. Nach einer kurzen Eingewöhnungszeit für mögliche Neueinsteiger geht es dann auf den langen Schlag nach St. Georges, dem Einklarierungshafen von Bermuda.

Klima und Seegebiet

Zunächst befinden wir uns auf unserer Reise nach Norden noch im Einflussbereich des Passats, danach werden die Winde unzuverlässiger, wehen im Mittel aber noch mit Windstärke 4, jedoch über die gesamte Kompassrose verteilt. In manchen Jahren setzt sich bis Anfang April ein verspäteter Norder durch, der in einer vom amerikanischen Kontinent kommenden Kaltfront starken Wind aus NW bescheren kann. Temperaturen um 18° C in Luft und Wasser.

An- / Abreise und Crewwechsel
Es gibt nur zwei Möglichkeiten:
Anreise nach San Juan und Abreise von Hamilton / Bermuda

8. Etappe
- von Bermuda nach Ponta Delgada auf Sao Miguel / Azoren
- von Sa.21.4.2001 bis Sa. 26.5.2001 (5 Wochen) Distanz: 2000sm
- Skipper: Jan-Erik, Crew: Bettina, Alex

Die Route
Dies ist mit ca. 1850sm die längste Etappe über den Nordatlantik auf dem Rückweg nach Europa. Nach dem Auslaufen in St.Georges geht es in NE-liche Richtung und dann in Begleitung fliegender Fische Richtung Azoren, wo wir den Landfall voraussichtlich auf der Insel Faial im Hafen von Horta machen werden. Wenn die Winde günstig und die Überfahrt schnell geschafft worden sein sollten, bleiben uns noch 2 – 3 Wochen, um von Insel zu Insel des Azoren-Archipels bis nach Ponta Delgada auf Sao Miguel zu segeln.

Klima und Seegebiet
Um bei der Überfahrt nicht in tagelange Flauten zu kommen, sollten wir den Weg am nördlichen Rand des großen atlantischen Hochdruckgebiets, das zwischen Bermuda und den Azoren liegt, Azorenhoch, fahren. Auf diesem Weg weht der Wind besonders in den ersten Tagen mitunter stärker, die Sturmdurchschnittlichkeit (8Bft und mehr) liegt in diesem Abschnitt im Mai bei 3% (3 Sturmtage von 100 Maitagen, alles klar ?!), Das Aufbauen einer See von über 3,60m Wellenhöhe ist deshalb mit 5-10% Wahrscheinlichkeit in den Klimakarten verzeichnet. Mit Annäherung an die Azoren sinkt die Sturm- und Starkwindgefahr, dafür nimmt die Flautenwahrscheinlichkeit etwas zu. Generell

überwiegen Winde aus W- oder SW-licher Richtung und ein nach E setzender Strom mit ca. 0,5kn. Wasser- und Lufttemperatur bleiben bei 18° C. Eisberge wurden zuletzt 1907 in diesem Meeresabschnitt gesichtet!

An - /Abreise und Crewwechsel
Anreise nach Hamilton / Bermuda
Abreise von Ponta Delgada / Sao Miguel (über Lissabon)

9. Etappe
- – von den Azoren nach Plymouth (England)
- – von Sa. 26.5.2001 bis Sa. 9.6. 2001 (2 Wochen)
- – Distanz: ca. 1250sm
- – Skipper: Jan-Erik
- – Crew: Bettina, ? und Thomas

Die Route
Von den Azoren aus geht es Richtung Norden und später direkt auf Englands Südküste zu. als Zielhafen eignen sich Falmouth oder Plymouth.

Klima und Seegebiet
Auch auf dieser Strecke kann es rau werden. Wie gesagt, segeln wir zunächst Richtung Norden, um in den Bereich des nach Osten setzenden Stroms zu gelangen und um unsere Chancen auf Winde aus dem W-lichen Quadranten zu erhöhen. Die Sturmwahrscheinlichkeit liegt im letzten Teil der Etappe bei 2%, die Wahrscheinlichkeit Wellen über 3,60m anzutreffen bei 10%. Die Temperaturen von See und Luft sinken (man merkt, wir kommen in die kalten Gefilde zurück) auf 12 ° C.

An- / Abreise und Crewwechsel
Anreise nach Ponta Delgada / Sao Miguel (über Lissabon)
Die Abreise ist von jedem größeren englischen Hafen aus möglich.

10. Etappe
- – von Plymouth nach Makkum
- – von Sa. 2.6.2001 bis 23.6.2001 (3 Wochen)
- – Skipper: Rainer, Crew: Erika, Jan-Erik

Eine so genaue Planung löste bei allen Crewmitgliedern Bewunderung und gespannte Freude aus.

Endlich war es dann soweit. In Makkum, dem Liegeplatz der *Seamonster*, war der Countdownstress nicht zu verheimlichen. Die stolze Fahrtenyacht *Seamonster* war über alle Toppen geflaggt und die große ARC- Flagge als sichtbarer Beweis für die Teilnahme an der Atlantic Rallye for Cruisers war gesetzt.

Niederländische und viele deutsche Freunde feierten die Nacht hindurch Jan-Eriks 21. Geburtstag und eine zünftige Abschiedsparty für den Törn über den „großen Teich".

Am 3. August 2000 um 14.00 Uhr in Makkum (Friesland / Niederlande) hieß es „Leinen los" und bei Sonnenschein und NW-Winden, 4-5 Bft – raumschots, also bei optimalen Bedingungen, brach die *Seamonster* auf, um einmal rund um den Nordatlantik zu segeln, eine Herausforderung für Skipper Rainer und seinen Sohn Jan-Erik, der dann das Schiff als Skipper mit vielen unterschiedlichen Crews zurück nach Europa segeln würde. Jetzt lag das große Abenteuer vor ihnen.

Mit Wünschen für Mast -und Schotbruch und immer eine Handbreit Wasser unter dem Kiel segelte die erste Crew, Bettina und Alexander, unter Führung von Jan-Erik als Skipper los. Die drei jungen Leute waren begeistert und voller Spannung auf künftige Seemannserlebnisse. Was sollte schon schief gehen? Es war alles durchgeplant und Jan-Erik und seine ältere Schwester Bettina, die als wachhabender Offizier mit segelte, waren bereits erprobte Seeleute! Die junge Mannschaft profitierte von vielen Törns in unterschiedlichen Revieren. Jan-Erik hatte mit seinem Vater als Skipper bereits seine Feuerprobe bestanden. Er konnte sich die Führung der Yacht zutrauen.

Wie geplant erreichte die *Seamonster* den Hafen von La Coruna im September.

Skipper Rainer übernahm das Schiff mit der Familiencrew Erika, Hanna und Jürgen. Sie umsegelten berühmte Kaps:

Cap Finisterre, westliche Spitze Spaniens, Cabo da Rocha, westlichster Punkt des europäischen Festlandes, Südwestspitze Europas; alle drei Kaps sind gefährlich und das Grab vieler Seeleute.

In Lissabon war Crewwechsel, Hanna und Jürgen verließen die *Seamonster* und ich kam an Bord. Unsere Fahrt führte um das Cabo Sao Vincente an der portugiesischen Algarveküste durch die

Straße von Gibraltar zur spanischen Küste Costa del Sol nach Malaga.

Jan-Erik kam wieder an Bord und segelte mit den Eltern – Skipper und Bootsfrau – bis Las Palmas auf Gran Canaria. Hier trafen sich die Segler, die mit der Atlantic Rallye for Cruisers - ARC – über den Atlantik wollten: 230 Fahrtensegler. Die Begeisterung war bei allen Teilnehmern überschäumend. Für die Inselbewohner und Touristen ist es ein fröhliches Fest, das sich seit 1986 jährlich ereignet.

Alle hatten eine lange Anreise hinter sich: aus dem Baltikum, Dänemark, Deutschland, Finnland, Frankreich, Griechenland, Großbritannien, Italien, Norwegen, Schweden, den USA und vielen anderen Ländern. Alle werkelten und bastelten mit großem Fleiß an ihren Yachten um sie atlantiktauglich zu machen. Die Techniker der ARC kontrollierten streng die Einhaltung der Sicherheitsrichtlinien.

Verpflegung und Trinkwasser nahmen die Segler an Bord, denn drei bis vier Wochen wird es keinen Hafen geben. Das Abenteuer auf der Columbusroute mit den von Ost nach West wehenden Passatwinden begann, St. Lucia, eine Insel, die zu den Kleinen Antillen gehört, ist das Ziel. Mit der prächtigen Seglerparade und allen Nationalflaggen und der ARC-Flagge voran verabschiedeten sich die Segler und wurden von Familien, Freunden, Insulanern und Touristen bejubelt und die Hafenmusik schmetterte Seemannslieder.

Die *Seamonster* nahm schon bald Fahrt auf. Erika über Internet und ein befreundeter Funker aus dem Ruhrgebiet hielten Kontakt, übermittelten vorab Wetterberichte, die die *Seamonster* auch an andere Yachten weiter gab. Erika wurde deshalb von den Seglern „Wetterfrau" genannt.

Am 9. Dezember 2000 in stockfinsterer, mondloser Nacht querte die *Seamonster* mit Skipper Rainer und als Crewmitglied Jan-Erik die Ziellinie. Skipper Gerd von der *Grotewind* war nach 2.720 sm mit einem Vorsprung von sechs Stunden bereits am Ziel und begrüßte sie zusammen mit der Regattaleitung des ARC herzlich: „Tolle Leistung für Vater und Sohn, nur zu zweit auf dem Boot".

Mit einem großen Pott Cola-Rum (halb und halb), einem Korb mit karibischen Früchten und zwei Kisten Heinicken-Bier wurde die Crew verwöhnt. Vater und Sohn nahmen sich in den Arm: „Wir haben es geschafft!" Jan-Erik lachte und sah seinen Vater glückstrahlend an: „Wir sind ein super – tolles Team!"

Die *Seamonster* erreichte den 3. Platz in ihrer Bootsklasse und in der Gesamtwertung den 60. Platz von 234 Schiffen.

Erika und ich flogen am 15. Dezember 2000 endlich in die Karibik. Für die Yachtis war dieser Törn ein tolles Erleben als sportliches Ereignis und gemeinschaftliche Erfahrung auf dem Meer, das mit Winden und Wellen eine Herausforderung für alle Segler darstellte.
Für mich in der Karibik als Mitseglerin war es wie ein Traum, der sich als Höhepunkt in die Törns der Jahre einreihte und den ich in einer Erzählung festhalten musste.

Karibische Impressionen

Gelobt sei der Morgenstern, ST.LUCIA, mein Augenlicht.
Die aufgehende Sonne wärmte den Rand des Horizonts
Weit draußen auf See. Er konnte die Brise hörn,
sie durchkämmte den Mandelbaum; letzte Nacht war der
Vollmond weiß wie ein Teller
O eröffne diesen Tag, Omeros, mit dem
Muschelhornklang

Derek Walcott
Aus seinem Vers-Epos „Omeros"

Ankunft im karibischen Paradies

Mit einem gelben Ferienflieger der Condor Airline erreichen die Bootsfrau Erika und ich die Insel St. Lucia in 9 Stunden. Aus dem Flugzeug sahen wir in dem blauen Wasser des Atlantiks und der Karibischen See viele kleine grüne Inseln wie hingetupft und waren schon ganz aufgeregt, was uns erwarten würde. Im Internet hatten wir die Segelroute verfolgt und wussten, dass drei Schiffe das Ziel nicht erreicht hatten und auf den Cap Verden festlagen. „Zieh bloß deinen dicken Pullover aus, der wird jetzt nicht mehr gebraucht!", sagte Erika lachend zu mir. Der Flieger setzte zur Landung an und rollte auf der holprigen Landebahn aus. Wir waren da!
Die Luft flimmerte vor Hitze und im ersten Moment fiel das Durchatmen schwer. Passkontrolle und Gepäckausgabe waren schnell und unkompliziert erledigt.
Schwarze Einheimische stürzten sich auf uns mit Kofferkarren und boten ihre Hilfe an.

„Hallo, Erika! Herkommen!" Rainer umarmte seine Frau und mich. „ Guten Flug gehabt? Klaus, das sind Erika und Elisabeth!" „Aha, ein neues Monster! Willkommen in der Karibik, das ist mein Klon, er heißt Wolfgang!" Wir guckten verdutzt. Rainer sagte:„Die beiden sind Zwillinge, kein Mensch kann sie auseinanderhalten, sie sind tolle Segler!"

Die beiden begrüßten ihre Ehefrauen, die sich auch ähnelten, obwohl sie keine Zwillinge sind.

Ab ging es mit dem Bustaxi. Ich saß neben dem schwarzen Fahrer, der das Gepäck verladen hatte und sich offensichtlich über das Geschnatter der drei Paare und die Wiedersehensfreude amüsierte. Wir fuhren über die Hauptstraße der Insel. Palmen und Bananenplantagen säumten die Straße. Ausblicke auf Berge und das Meer mit vielen blühenden Büschen und Bäumen vermittelten paradiesische Schönheit. Bunte Vögel flogen durch das Grün der Bäume. In den kleinen Ortschaften herrschte reges Leben. Langbeinige schwarze Frauen trugen mit aufrechter Haltung Körbe mit Obst und Gemüse auf dem Kopf. Kleine Mädchen mit Zöpfchen, geschmückt mit bunten Schleifen und in feinen Kleidern sahen uns großäugig nach und winkten uns zu. Jungen spielten Fußball oder rauften sich.

Wir erreichten die Hauptstadt Castries. Vorbei ging die Fahrt an einfachen Hütten zur Mainstreet mit Supermärkten und einer schönen Kathedrale, vor der ein über 400 Jahre alter riesiger Saman-Baum seinen Schatten warf. Auf einem Platz fielen großartige Wandmalereien auf, die in afrikanischen Bildern biblische Geschichten erzählten. In den Straßen überwogen schwarze Menschen, aber auch Menschen anderer Hautfarbe und Rassen ließen sich treiben, ein buntes Völkergemisch und Schmelztiegel vieler Kulturen.

Unser Taxi erreichte die Uferstraße. Ein herrlicher Blick auf gelben Strand, türkisfarbenes Wasser und Berge mit einer Farbpalette von Grüntönen, überspannt von einem strahlend blauen mit Passatwölkchen gesprenkelten Himmel.

Wir erreichten die Rodney Bay und den Yachthafen.

Die Segelyachten waren über alle Toppen geflaggt und mit der ARC-2000-Flagge geschmückt.

Mit unserem Gepäck gingen wir über die Stege und kletterten auf die *Seamonster*. Jan - Erik begrüßte uns mit großem Hallo und einem Rum-Punsch. Er sah erwachsen mit dem kurzgeschnittenen in die Stirn fallenden Lockenschopf und seinem Bart aus. An Bord

71

der *Seamonster* hatten wir das Gefühl angekommen zu sein – wie Zuhause in der Fremdartigkeit des karibischen Paradieses.

Von benachbarten Booten wurde gegrüßt: „Hallo, Erika! Die Wetterfrau ist wieder da, und ein neues Monster! Willkommen! Welcome!" Erika erfuhr jetzt, dass ihre präzisen Wettervoraussagen für viele eine Hilfe waren.

Wir Neuankömmlinge wurden von Rainer, dem schlanken, braungebrannten Skipper, der seinen nur noch spärlich behaarten Kopf mit einer Schiffermütze vor der Sonne schützt, ermahnt uns frisch zu machen und umzuziehen. Das Fest der Siegerehrung wird in einer halben Stunde beginnen.

Das Seglerfest in südlicher Nacht

Wir haben einen rasanten Übergang in die Welt der Karibik und der Segler. Müdigkeit oder Jetlag kommt gar nicht auf. Auf dem Weg zum Festplatz begrüßen uns viele Segler. Die Stimmung ist übermütig und freundschaftlich, eine Gemeinschaft von Menschen, die sich dem Meer und dem Segeln verbunden fühlen. Die sportliche Leistung des Törns über den Atlantik erfüllt sie alle mit Freude und Stolz.

„Sundowner!", ruft eine junge Frau und reicht mir ein Glas mit Cola-Rum. Sie dreht mich um und zeigt auf den riesigen orangeroten Sonnenball, der ins Meer versinkt und Wasser und Himmel in flammende Röte taucht.

Ich bin überwältigt von der Schönheit des himmlischen Schauspiels.

Sehr schnell wird es dunkel, es ist erst achtzehn Uhr. Am dunkelvioletten Himmel steigt die Mondsichel liegend auf und hat im Gegenüber den Planeten Venus. Verzauberung und andächtige Stille.

Dann begeben sich alle in Richtung Bühne und setzen sich mit ihren Crew-Mitgliedern auf die weißen Stühle.

Gespräche blühen leise wieder auf.

Auf der Bühne sitzen die Honoratioren von St. Lucia und der Präsident des World Cruising Clubs. Sein Vorgänger Jimmy Cornell hatte die Idee, Fahrtenseglern die Atlantiküberquerung sicher und mit wenig Gefahren zu ermöglichen. Seit 1986 findet die Atlantic Rallye for Cruisers jährlich statt. Auf einem riesigen

Tisch sind unzählige kleine und große Pokale, Schalen und andere Preise aufgetürmt.

Der Präsident des World Cruising Clubs begrüßt das Seglervolk und eröffnet das Fest der Siegerehrung. Der Premierminister / Gouverneur von St. Lucia und die Bürgermeisterin der Hauptstadt Castries schließen sich ihm an und preisen ihren Inselstaat mit ausgeprägtem Selbstbewusstsein. Man merkt ihnen die Freude an, dass die Yachtis wieder auf der Insel sind und immer neue Crews von Jahr zu Jahr kommen.

Dann werden die Gewinner der Regatta aufgerufen. Alle freuen sich mit den Bootseignern und ihren Crews und klatschen kräftig Beifall. Jeder wollte in einer guten Zeit segeln und ankommen, es war Wettkampf. Der ist vorbei und neidlos gönnt man den Gewinnern ihre Pokale.

Als dann das Büfett eröffnet wird, setzen sich alle in Bewegung. Die Tortillas und Tapas mit leckeren Füllungen munden köstlich. Rum-Punsch und Bier heizen die Stimmung an.

Auf der Bühne hat sich ein großer Chor aufgestellt und singt Weihnachtslieder aus aller Welt. In einer Woche ist Heiligabend, das ist fast in Vergessenheit geraten. „Stille Nacht – Heilige Nacht" wird dann vielsprachig von allen mitgesungen und lässt niemanden unberührt.

Viel Seemannsgarn wird gesponnen und mit Schmunzeln und Lachen bedacht. Manche Seebären, die sich Rauschebärte wachsen ließen, tragen dick auf.

Die Einheimischen haben sich festlich-bunt gekleidet, sind mit Kindern und Enkeln gekommen, lassen sich die leckeren Bissen schmecken, strahlen gute Laune aus und kommen mit den Yachtis lächelnd ins Gespräch.

Die Steel-Band steht auf der Bühne und trommelt, begleitet von Schlagzeug, Rasseln und Rumbakugeln lateinamerikanische Rhythmen in die Nacht: Calypso – Samba – Rumba - Salsa – Cha-Cha! Das geht in den Körper und in die Beine. Die Wiese ist noch von den nächtlichen tropischen Regengüssen aufgeweicht, wozu braucht man da noch Schuhe! Barfüßig geht es leichter – langsam kommt die Menge in Schwung, singend und tanzend wirbeln sie durch die warme Nacht bis zum Morgen: Sunrise!

Wir stehen im Salon der *Seamonster*. Wieder ist es vier Uhr morgens wie bei unserem Aufbruch aus Deutschland. Unglaublich, dass wir nicht müde sind.

„Ab in die Kojen!", fordert der Skipper auf. Schlaf ist wohl doch notwendig.

Abschiedsstimmung im Yachthafen

Es ist Mittag – im Hafen ist wieder bei strahlender Sonne und blauem Himmel Leben. Von Boot zu Boot wird gerufen und erzählt. Alle reden sich nur mit den Namen ihrer Boote an. Wir verabschieden uns von den deutschen Seglern, auch von einer Braunschweiger Familie, die zwei Jahre durch die Weltmeere segeln will – Pläne? Das wird sich ergeben!
Andere Deutsche fliegen zurück, weil Verpflichtungen rufen. Das amerikanische Ehepaar aus Michigan will in der Karibik kreuzen und im Herbst wieder in den USA sein. Austausch von Visitenkarten und „See you later!"
Die *Loblolly* mit ihrer Familie hat ungewisse Pläne: „Wer weiß, wohin uns der Wind treibt."
Skipper Rainer und seine Bootsfrau sind für feste Verabredungen im Revier der Kleinen Antillen. Die *Grotewind* und die *Caroline* stimmen zu, dann kommt Wolfram, Eigner und Skipper von der *Nirwana*, mit seiner bildhübschen Bootsfrau Kyra aus Italien dazu. Spätestens Silvester werden wir wieder zusammen sein und den Jahreswechsel feiern.
Das Ausklarieren mit Abmeldung von St. Lucia und Passkontrolle beginnt. Menschen winken mit bunten Tüchern und langsam mit dem Seglergruß leert sich der Hafen.

Ankern in blauen Buchten

Die *Seamonster* ist auf Fahrt im schönen Segelrevier der Karibik. Die Virgin Islands, Leeward Islands und Windward Islands sind Teil der Kleinen Antillen, einer Vielzahl von Inseln, die über einen etwa 600 km langen Bogen von Puerto Rico im Nordwesten bis Venezuela im Süden verstreut liegen und die natürliche Grenze zwischen Atlantik und Karibischem Meer bilden.
Von Insel zu Insel ist es für unsere Segelyacht nie weiter als eine Tagesreise. Die Inseln sind vulkanischen Ursprungs oder bilden die Kalkspitzen unterseeischer Vulkansockel und haben zerklüftete Küsten.
Die Inselgruppe der Windward Islands, die wir jetzt ansteuern, ist der Teil der Karibik mit den größten Gegensätzen. Die

Vulkaninseln im Inneren des Antillenbogens sind mit dichten Regenwäldern überwachsen. Die flachen Inseln haben kilometerlange weiße Sandstrände und sind von Korallenriffen umsäumt.

Im 16. Jahrhundert entdeckten Seefahrer aus aller Welt die karibischen Inseln. Staaten aus Europa, Amerika und Asien betrieben Handel und eroberten die Inseln und die Urbevölkerung. Eine bunte Mischung von Menschen unterschiedlicher Herkunft und Rassen bilden die heutige Bevölkerung. Politisch ist das Gebiet der Kleinen Antillen das am stärksten zergliederte Gebiet der Welt und besteht aus vielen selbständigen Mikrostaaten. Viele dieser Staaten haben durch die ethnische und kulturelle Vielfalt wirtschaftliche und soziale Probleme.

Der Tourismus ist der wichtigste Wirtschaftszweig, den die Schwarzen als Nachfahren der Sklaven auf ihre Art durch freundliche Angebotstaktiken ausnutzen und sich dann überteuert in EC-Dollars oder auch in US-Dollars bezahlen lassen. Alles auf diesem Globus hat seinen Preis, auch ein landschaftliches und klimatisches Paradies.

Der Wind weht günstig, Großsegel und Genua sind gesetzt und treiben das Schiff über die See. Die Wellen sind nicht sehr hoch, da wir in der Abdeckung segeln, das Wasser ist dunkelblau mit weißen Schaumkronen. Vor uns tauchen die Zwillingsgipfel, Petit Piton (736m) und Gros Piton (798m) auf, die Wahrzeichen von St. Lucia. Der Wind lässt nach. Ein buntes Holzboot mit dem Namen ‚Free Man` und der Besatzung von zwei bärtigen Einheimischen mit bunten Kopfbedeckungen auf ihren verfilzten Zopffrisuren, steuert auf uns zu. Sie winken und reichen uns Prospekte von einer ökologischen Vereinigung herauf und empfehlen uns einen guten Ankerplatz. Dann werfen sie ihren Außenbordmotor an und zischen mit hochaufspritzendem Wasser in Richtung Soufriere Bucht.

Wir bergen die Segel und motoren in die Bucht. Ein Beachboy im Schlauchboot steuert uns an und bedeutet uns, wie wir zu ankern haben und bietet sich an, das Boot an einer Palme am Strand anzubinden. Das ist hier überall so üblich, dafür verlangt er fünf EC-Dollars. In dem merkwürdigen Englisch, das von allen neben vielen Dialekten gesprochen und verstanden wird, lädt er uns zur nächtlichen Strandparty ein. Wir lachen und Rainer ruft ihm nach: „Wir kommen!"

Es wird schnell dunkel. Wir bereiten unser warmes Abendessen zu und beginnen nach dem Essen mit dem Vorlesen unseres spannenden Buches.

Punkt einundzwanzig Uhr setzt die Reggae-Musik ein. Jan-Erik sieht mit dem Fernglas Richtung Strand. Nur Einheimische bewegen sich rhythmisch nach der lauten Musik. Wir verzichten auf Teilnahme und Tanz, aber zur Ruhe sind wir nicht gekommen. Die Reggae - Musik dröhnt bis ein Uhr nachts und malträtiert unsere Ohren. Da hilft nicht einmal Ohropax.

Wir schlafen dann bis fast in den Mittag hinein. Das Wetter hat sich gewandelt. Tropische Regengüsse ohne Unterlass. Es ist ungemütlich. Ein Boot nähert sich und ein schwarzer Mann fragt: „Bananas?" Er hält eine große Staude hoch. „Walking in the Rainwood?". Wir sind entgeistert und schütteln uns vor der Nässe. Er meint, morgen scheint die Sonne wieder, er will uns führen. Wir verhandeln. Rainer meint zu mir: „Kannst du eine lange Tour laufen?" Der Mann erklärt, er sei Guide und habe mit Führungen von Touristen über die Insel Erfahrungen und guckt mich an. Dann bietet er eine Fahrt mit seinem Jeep an. Wir ziehen Wandern vor. Um sieben Uhr am nächsten Morgen will er uns abholen. Dann werden wir uns noch über den Preis einig.

Es klart am Nachmittag auf, aber einen schönen Sonnenuntergang gibt es nicht. In der Nacht pladdert der Regen weiter. Um sieben Uhr regnet es immer noch. Pünktlich sind Mann und Boot trotzdem da. Der Guide versteht, dass wir bei dem anhaltenden Regen auf unsere Inselwanderung verzichten wollen, und verspricht wieder zu kommen, wenn die Sonne scheint.

Schlagartig ist dann die Welt wieder sonnig und der Himmel blau. Um neun Uhr legt der Guide mit seinem bunten Holzboot ‚Lion of Juda` neben unserem Schiff an. Wir sind bereit zum Ausflug und klettern in sein Boot.

Wanderung durch den Regenwald von St. Lucia

Am Strand befestigt der Guide sein Boot an einer Palme und geht mit uns durch das Fischerstädtchen Soufriere. Es gibt Bäckereien, Supermärkte, Obst- und Gemüsemärkte und mehrere Banken. Die Leute sind sehr geschäftig. Vor den Haustüren wird gefegt und geputzt. Unser Guide wird von allen freundlich gegrüßt.

Wir verlassen die kleine Stadt, steigen eine geteerte Straße aufwärts und erreichen eine Landstraße. Unser Begleiter erzählt uns, vor zwei Monaten habe es einen Brand gegeben, wir hätten sicher die zerstörten Häuser am Hafen gesehen. Im vorigen Jahr hätte der Hurrikan die Bucht heimgesucht und großen Schaden angerichtet. Für die Stadt sei das sehr schlimm gewesen.

Wir wandern durch viele kleine Dörfer mit kaum renovierten oder gerade im Rohbau fertigen Häusern. Unser Guide zeigt uns voller Stolz sein Grundstück. Er träumt von einem Haus mit Terrasse und Balkons, blühendem Garten und Swimmingpool und von Gästen, die dann kommen werden. Wir wünschen ihm viel Glück für sein Unternehmen.

Weiter geht es nun ein Stück durch den Wald. In vielen Grünschattierungen präsentiert sich die Pflanzenpracht der Tropen mit verschiedenen Palmen mit breiten Blättern und Früchten. Unser Guide deutet auf seine bunte Mütze und seine verfilzten Haare und erklärt uns, er gehöre der Gemeinschaft der Rastafari an. Dann pflückt er eine Kokosnuss, spaltet sie und reicht sie uns zu einem erfrischenden Trunk. Üppig blühen Hibiskus in rot und gelb und andere Büsche und Blumen in einer Größe und Pracht wie es sie in unserer heimischen Vegetation oder als importierte Zimmerpflanzen nicht gibt. Viele Kolibris schwirren zwischen den Blättern und pfeifen sirrend. Von einem Kaffeebaum pflückt unser netter Führer Früchte, die wir öffnen und probieren.

Er zeigt in die Höhe auf die Pitons, die wir mit ihm ersteigen könnten. Dann meint er lachend: „Sehr hoch und anstrengend!"

Plötzlich bricht der Regen wieder los. Wir rennen hinter unserem Guide her und stellen uns unter das Dach einer Bushaltestelle. Ein Mann mit seinen Kindern hat es auch gerade geschafft. Die Kinder schauen uns mit ihren großen Augen an und zeigen beim Lachen blitzend weiße Zähne. Sie albern und amüsieren sich über uns. Fußgänger sind tropfnass und versuchen die Regenflut mit breiten Bananenblättern abzuhalten.

So schnell wie der Regen kam, so plötzlich hört er auf. Wir stehen vor dem Beginn des Regenwaldes. Der Boden ist so aufgeweicht, dass wir mit unseren Wanderschuhen versinken. Unser Rastafari bedauert sehr, dass es nach dem Regen besser sei auf die Durchquerung des Waldes zu verzichten. Er hätte uns gern die Bäume erklärt und die bunten Papageien gezeigt. Wir sind einsichtig und stimmen ihm zu.

Wir fahren etwa 10 Minuten mit einem Kleinbus.

Dann wandern wir weiter.

Wir nähern uns jetzt südöstlich von Soufriere dem großen Drive-in-Krater mit vielen blubbernden Schwefeltümpeln. Hier haben die Einheimischen ein Tourismuszentrum eingerichtet und vermarkten bunte Tücher, T-Shirts, geschnitzte Masken und vieles mehr. Der Zugang zu den Wasserfällen und zum Krater ist nur mit Führung erlaubt. Eine hübsche junge Frau, die Deutsch spricht, wird uns von ihrer Mutter angepriesen. Sie ist sehr freundlich und erzählt vom Krater, dabei wirkt sie traurig. Deutsch hat sie von einem deutschen Touristen gelernt. Der ist aber lange wieder fort.

Der Schwefelgestank ist ekelhaft, lächelnd meint die junge Frau: „Sehr gut gegen Husten, Schnupfen und Grippe!" Sie weiß auch einige Sagen über den Krater zu erzählen.

Weiter geht der Weg mit unserem Rastafari.

Wir überqueren einen Wasserfall, der sich in einen tief liegenden Fluss stürzt. Die Straße führt an den alten Thermalbädern vorbei zu den Diamonds - Wasserfällen.

Vor dem Eingang zu dem Schwefelwasserfall bieten uns zwei schwarze junge Männer aufgeschlagene Kokosnüsse an und verlangen für die Erfrischung, die wir genüsslich trinken, dann 20 EC-Dollars, ein zu hoher Preis, den wir nicht zahlen wollen. Unser Guide weist die beiden Männer energisch zurecht und bedeutet uns, ihnen gar nichts zu zahlen. Die beiden jungen Männer sind offensichtlich auch Rastafaris und trollen sich beschämt davon.

Wir steigen eine lange Treppe umsäumt von einer üppigen Blütenpracht hinunter und kommen zu dem Schwefelwasserfall. Ein Pärchen genießt die wohlige Wärme des Wassers. Unser Guide zieht sich diskret zurück und springt schnell auf den Felsvorsprung unter den Wasserfall. Er winkt uns zu. Rainer und Jan-Erik gesellen sich zu ihm. Erika und ich stehen auch bald unter der warmen Naturdusche. Das tut gut nach der langen Wanderung und belebt Körper und Geist.

Wir laufen weiter.

Jan-Erik überholt mich und fragt mit schelmischem Unterton: „Hast du Hunger?"

„Klar, nach diesem Marsch und dem Bad!", antworte ich ihm.

Er spricht unseren Guide an:„Gibt es hier ein Restaurant, wir brauchen dringend etwas zu essen!"

Er lacht und bespricht sich Rainer und Erika, die froh sind, dass es in der Nähe schon eine Möglichkeit gibt.

Durch den Wald geht es jetzt Richtung Strand.

In einem kleinen Restaurant, das von einer freundlichen Großfamilie betrieben wird, erhalten wir eine köstliche Mahlzeit und laden unseren Rastafari zu Gast. Er kann das annehmen und setzt sich zu uns an den Tisch.

Er schaut uns nachdenklich an: „ Glauben Sie an Gott?" Wir sind überrascht. Dann bejahen wir diese Frage. Er meint: „Auch wenn man Gott nicht sieht, gibt es ihn doch überall. Er ist in jeder Pflanze, in jedem Tier und in jedem Menschen, so wie Ihr Gott-Vater Schöpfergott ist." Er versteht nicht, dass Jesus Gottes Sohn und gleichzeitig Mensch ist und den Opfertod sterben muss, um die Menschheit vom Bösen zu erlösen. „Für mich ist Jesus ein guter Mann, von dem wir alle lernen können. Ich finde seine Bergpredigt für alle Menschen sehr wichtig."

Es entspinnt sich ein fast religions-philosophisches Gespräch. Wir lernen von ihm, dass Rasta Philosophie, Glaube und Droge ist. Der Prophet der Rastafari war Marcus Mosiah. Er verkündete vor 100 Jahren, es wird ein schwarzer König kommen, der die schwarzen Stämme Israels sammelt und erlöst und in das Gelobte Land Afrika führt. Die Rastafaris sahen den geweissagten König in dem Kaiser Haile Selassie von Äthiopien. Kaiser Haile Selassie trug den Beinamen „Ras Tafari". Daraus leitete sich für die Glaubensbewegung die Bezeichnung Rastafari ab. Haile Selassie wurde 1930 gekrönt und regierte bis Ende der 70iger Jahre. 1966 besuchte der Kaiser die Karibik und war von der Verehrung der Rastafari, die in ihm Gott Jah sahen, völlig überrascht. Viele Schwarze, die nach Afrika, in den Kontinent ihrer Väter heimkehren wollten, erkannten, dass dort nicht das Gelobte Land zu finden ist.

Der Glaube der Rastafari ist eine Vermischung aus Judentum und Christentum und hat heute symbolischen Charakter. „Moving out of Babylon, going to Zion" bedeutet Verzicht auf die Versuchungen der modernen Konsumgesellschaft und Sich-Verantwortlich-Fühlen im ökologischen Sinn für die Schöpfung und die Mitmenschen.

Die Rastafaris tragen Häkelmützen in den jamaikanischen Nationalfarben Rot-Grün-Gelb-Schwarz. Auch die Dreadlocks hängen mit ihren Glaubensüberlieferungen zusammen, sie werden nicht von ihnen geflochten, sondern entstehen an Haupt – und Barthaar auf natürliche Weise. Wie im Alten Testament geboten, kämmen sich die Rastafaris nicht ihre krausen Haare, diese drehen sich von selbst zu filzigen Strähnen zusammen. Für den Rastafari sind sie Zeichen des Protestes und des Selbstbewusstseins. Wir sind erstaunt, was unser schwarzer Guide uns alles erzählt hat und wie ernst er seinen Glauben nimmt.

Abschließend meint er: „Es ist egal, was für einen Glauben ein Mensch hat, die Hauptsache ist das Wissen von Gott. Das verpflichtet jeden, auch zu anderen Menschen und den Mitgeschöpfen gut zu sein. Ich fühle mich deshalb auch für die Ökologie verantwortlich, damit unsere Natur uns und allen Besuchern der Inseln erhalten bleibt."

Wir stimmen ihm zu. Dann erzählt er, dass seine Tochter in England ein College besucht und zeigt auf in der Ferne liegende Gebäude: „Das ist unser Schulzentrum! Lernen und Bildung ist für unsere Kinder sehr wichtig." Dann weist er auf EDV und Internet hin. Er hat bereits einen Computer, den er für seine Geschäfte benutzt.

Er meint, wir müssten jetzt aufbrechen. Wir begleichen die Rechnung und verabschieden uns von der älteren Frau, die für uns gekocht und ihrer Tochter, die uns sehr gut bedient hat. Ihre zwei adrett gekleideten kleinen Töchter winken uns fröhlich zu. Unter einem Baum bekommt der etwa 12jährige Sohn von einem Friseur einen flotten Haarschnitt.

Unser Rastafari führt uns zum Strand. Da erwartet uns sein Gehilfe in dem bunt bemalten Holzboot ‚Lion of Juda` und bringt uns zu unserem Schiff.

Wir bedanken uns für einen schönen Tag in der Natur des Regenwaldes und gute Gespräche.

Pigeon Island – Treffen mit der Grotewind

Die Segel sind gesetzt. Bei gutem Wind geht es an der bizarren Küste St. Lucias entlang über Marigot - Bay mit dem Fischerdorf Anse - la - Raye mit seinen malerischen Palmen auf gelbem Sandstrand und vor blauem Himmel zurück zur Rodney - Bay. Wir ankern und funken die Segelyacht *Grotewind* an. Skipper Gerd meldet sich: „Hallo, ihr Monsters, ich ankere vor Pigeon Point. Ihr könnt die *Grotewind* orten vor der Hotelanlage mit den blauen Dächern – es ist sehr schön hier. Ich schlage euch vor auch hier zu ankern, in der kleinen Bucht ist mehr Ruhe als vor dem Hafen!" Wir überlegen und funken zurück: „Wir müssen uns um unseren Spinnaker kümmern, mal sehen, ob der Segelmacher ihn fertig hat. Du weißt ja, dass er auf dem Atlantik mitten durchgerissen ist. Wir vermissen unseren Spi bei den Winden, die geradezu zum Spi-Setzen herausfordern. In zwei Stunden ankern wir neben der *Grotewind*."

Das Segel ist nicht fertig, angeblich liegt das Tuch auf irgendeiner anderen Insel und kommt irgendwann – so ist es in der Karibik „Morgen!" Wir lernen die Lektion Geduld, hier hat man Zeit – nur keine Hektik!

Zum Sundowner sind wir neben der *Grotewind* und motoren mit dem Dingi auf die Insel und erleben einen glutroten Sonnenuntergang und Happy Hour mit Rum-Drinks an der Bar. Gerd lädt uns zum Abendessen in das nebenan gelegene schöne Restaurant ein. Die Speisen sind köstlich. Die Getränke von Baccardi-Rum, Bier, Wein und frischem Quellwasser sind anregend. Rundum ein karibischer Genuss. Es ist romantisch in einem Blumen – und Blütenmeer auf der Terrasse, darüber der samtige Himmel mit dem Mond und den Sternen, die wie Diamanten blitzen.

Als wir mit unserem Dingi zum Schiff motoren, erklärt Gerd: „Wir verlängern den Abend auf der *Grotewind*!"

Wir klettern an Bord und setzen uns in den gemütlichen Salon. Seemannsgarn wird gesponnen. Die Nacht ist nicht allein zum Schlafen da und schon gar nicht in den Ankerbuchten der Karibik. Gerd bedauert, dass er Weihnachten in Deutschland sein wird, aber zu Silvester ist er bestimmt wieder da. Er erzählt uns seinen bunten Lebensweg in Schlaglichtern: Er war Pilot und Fluglehrer bei der Lufthansa. Leider bekam er Probleme mit den Ohren. Fliegen war nun nicht mehr möglich, Einsatz in der Verwaltung nichts für ihn. Er quittierte seinen Dienst, kaufte sich seine Segelyacht *Grotewind*, segelt mit Freunden und anderen Gästen auf dem Mittelmeer und Atlantik und ist per Flugzeug immer schnell in Deutschland oder auch wieder bei seiner *Grotewind*. Da er ein sehr freundlicher und liebenswerter Mensch ist, findet er überall Leute, mit denen er sich versteht. Er braucht aber auch auf seinem Schiff Zeit für sich zum Nachdenken und In-sich-Gehen. Segeln beherrscht er so gut, dass er auch als Einhandsegler klar kommt.

Spät sind wir auf der *Seamonster* und schlafen bis weit in den Morgen. Die *Grotewind* sehen wir später im Hafen am Steg. Ihr Skipper ist weg. Der gelbe Ferienflieger wartet nicht.

Langer Törn nach St Vincent - Weihnachten

Wir segeln auf dem karibischen Meer bei fünfzehn bis zwanzig Knoten Windstärke und zwei Meter hohen Wellen. Unser Schiff arbeitet heftig, der Wind dreht sich an den Hooks der Inseln und verlangt segelsportliches Können. Die drei Segler sind ständig in Aktion. Ich muss mich festhalten und schwinge mich von einer Bordseite auf die andere. Der Skipper gibt wieder Anweisung: „Klar zur Wende! Und: Re!" Die Segel wechseln die Seite! Die drei haben riesigen Spaß.

Um neunzehn Uhr ist es stockfinster. Wir erreichen Wallibou Bay. Lautlos hält sich auf einem Surfbrett ein Schwarzer an der Bootswand fest: „I'm Maggi!" Jan-Erik lässt den Anker fallen. Maggi leint das Boot an einer Palme an und kommt zurück. Er verlangt seine fünf EC-Dollars und verschwindet in der Finsternis. Nach dem Frühstück segeln wir an der Küste von St. Vincent. Es ist Heiligabend. Mit Chören aus dem Weihnachtsoratorium von Bach auf CDs stimmen wir uns auf das Fest ein. Rainer befestigt an der kleinen, künstlichen Tanne elektrische Kerzen und Erika schmückt sie mit Fröbelsternen. Das Bäumchen wird an der Maststütze auf dem Tisch im Salon angebunden.

Im Bratofen schmurgeln die Hähnchenkeulen und der Rotkohl duftet appetitlich. Der Tisch ist gedeckt. Die Weihnachtsgeschenke liegen in der Navigationsecke.

Wir gehen aufs Vorschiff und schauen in den Sternenhimmel und freuen uns, Heiligabend fast wie in Deutschland zu feiern. Nach dem Menu singen wir Weihnachtslieder, Rainer liest die Weihnachtsgeschichte aus dem Lukas-Evangelium vor. Bei Weihnachtsmusik packen wir unsere Geschenke aus und sind überrascht und erstaunt, was alles aus Deutschland in die Karibik geschickt wurde und zur Freude Anlass gibt.

Viele Erinnerungen an erlebte Weihnachtsfeste in unseren Familien werden wach. In der Karibik ist es nicht üblich, Heiligabend zu feiern, die Einheimischen feiern Merry Christmas am 25. und 26. Dezember.

Nach dem Frühstück motoren wir mit unserem Dingi zum Anlegesteg und wollen nach Kingston laufen. Wir haben die feuchte Wärme und den langen Weg unterschätzt und warten an einer Bushaltestelle. Die Straßen sind leer, wir können niemanden fragen und laufen weiter. Von der Höhe schauen wir auf Meer und Hafen und erfreuen uns an dem zauberhaften Ausblick. Die Insel ist für ihre Fruchtbarkeit bekannt. In den Tälern werden Brotfrucht, Kokosnüsse, Pfeilwurz, Bananen und andere tropische Früchte angebaut.

Wir kommen an einem Grundstück vorbei, das von einem Polizisten bewacht wird, der uns freundlich zulächelt. Wir bleiben vor einer Krippe stehen: Die Heilige Familie und die drei Könige aus dem Morgenland, aber keine Hirten, auch Ochs und Esel fehlen. Am Abend auf dem Rückweg sehen wir die etwa 80 cm hohen Plastikfiguren von innen beleuchtet. Die schönen Bäume und Büsche des Gartens sind mit kleinen Glühlichtern geschmückt. Es gelingt uns schließlich in einem Hotel an ein Taxi zu kommen. Die junge Dame in der Rezeption ist sehr freundlich und hilfsbereit.

Unser Fahrer ist ein alter Schwarzer, der uns die anglikanische St. George`s Cathedral und die katholische St. Mary`s Church zeigt, beide in charakteristischem Stilgemisch erbaut. Wir haben leider nicht das Glück einen Gottesdienst mit Spirituals und Gospels zu erleben, sind aber von der dreischiffigen Kathedrale und der liebevollen Ausschmückung mit tropischen Blumen am Altar, der Kanzel und Krippe sehr beeindruckt. Im Mittelgang liegt auf dem Boden ein langer, rechteckiger Kasten mit den aus farblich abgestimmtem Orchideen gelegten Worten „Jesus Christ is born!` umrahmt von kleinen brennenden Kerzen.

Wir besuchen den berühmten Botanischen Garten, in dem seit 1765 Heilpflanzen angebaut werden, die uns der Führer erklärt. Er zeigt uns riesige üppig blühende Bäume und Sträucher, Teichrosen und die uns bekannten Weihnachtssterne, die sich hier in roter und grüner Pracht in Buschhöhe präsentieren.

Wir schlendern durch die Innenstadt mit gut erhaltenen Bauten aus dem 18. und 19. Jahrhundert versehen mit Arkaden, die der Stadt ein britisches, altertümliches Flair verleihen.

Am frühen Abend erreichen wir den Ankerplatz unserer *Seamonster*.

Am 2. Feiertag strahlt die Sonne wieder vom blauen Himmel. Da die Ankerwinsch nicht funktioniert, gibt es für Vater und Sohn viel Arbeit. Nach vier Stunden ist alles wieder in Ordnung.

Wir Frauen schrubben das Deck, putzen den Salon und bereiten die Koje für unseren Segelgast Heinrich, einen Freund der Familie, vor.

Die Zeit vergeht schnell. Skipper und Bootsfrau holen Heinrich vom nahe gelegenen Flughafen ab. Um zweiundzwanzig Uhr heißen wir ihn an Bord mit Rum-Punsch willkommen. Er erzählt, es habe zum Heiligen Abend in Deutschland geschneit. Die Kinder erlebten endlich Winter. Wir erzählen ihm von unseren Erlebnissen und den Grenadines, die unsere nächsten Ziele sein werden.

Mustique – Insel der Schönen und Reichen

Mit Heinrich am Steuer brechen wir nach einer unruhigen Nacht in der Friendship - Bay vor der Insel Bequia früh auf. Die Bucht bietet nur ungenügend Schutz vor der Atlantikdünung. Die *Seamonster* rollt heftig. Wir sind froh aus der Dünung herauszukommen und nehmen Kurs auf Mustique, die Insel für die Schönen und Reichen. Wir ankern in der Britannia - Bay.
Die Segelyachten und Motorboote, die hier liegen, sind größer und luxuriöser, ihre Yachtis sicher weniger sportlich als die ARC-Cruisers.
Erika und Jan-Erika erkunden die Insel. Sie berichten uns später von den schönen Häusern und Gärten der Promis. Dazu gehören Princess Margaret von Großbritannien und bekannte Leute aus dem Showgeschäft. Die Grundstücke sind durch hohe Hecken und Mauern abgeschirmt und bewacht und gewähren dem gemeinen Volk nur wenig Einblick.
Auffallend hübsch gekleidet und gepflegt wirken die schwarzen Bediensteten der Herrschaften.
Erika und Jan-Erik und unser Freund Heinrich wandern auf den zweihundert Meter hohen Hügel und mischen sich unter die Gäste der Reichen und Schönen auf der Party der Hotelanlage „The Cotton House".
Rainer und ich genießen die Stille der warmen Nacht und den Himmel mit der Klarheit der Sternbilder. Wir haben Zeit und Muße uns viele Gedanken über die Schönheit unserer Erde zu machen und fühlen uns in die Unendlichkeit des Kosmos eingebunden.
Als unsere Inselwanderer wieder an Bord sind, beziehen wir sie mit in unser Gespräch ein. Uns erfüllt Dankbarkeit, dieses alles erleben zu dürfen.

Silvester in der Admirality Bay

„*Seamonster*, bitte kommen, hier *Grotewind*!" Jan-Erik stürzt aus seiner Koje und nimmt den Funkspruch entgegen: „Hallo *Grotewind* - hier *Seamonster*."

„Ich bin an Bord und auf dem Wege zu euch, wo finde ich euch?" Jan-Erik gibt die Position durch. Gerd antwortet: „Alles klar – over!" Die Crew ist hellwach. Beim Frühstück überlegen wir die Gestaltung der Silvesterparty.

Da meldet sich auch per Funk die *Caroline*: „*Seamonster*, wo steckt ihr, wir haben euch gestern schon gesucht. Gebt eure Position durch. Over". Jetzt fehlt nur noch die *Nirwana*, die auch nicht von der *Caroline* gesichtet wurde.

Unser Dingi bringt uns zum Anlegesteg. Wir kaufen auf dem Markt Obst und Gemüse. Im Supermarkt ergänzen wir unsere Lebensmittelvorräte.

Jan-Erik kauft kleine grüne Kochbananen, die er nach einem karibischen Rezept zubereiten will, das uns eine bildhübsche, junge, schwarze Frau im Botanischen Garten von Kingston verraten hat.

Gegen vier Uhr nachmittags meldet sich die *Grotewind*: „Ich bin in einer halben Stunde bei euch, muss nur noch um „die Nase" herum."

Pünktlich legt der Skipper, der wie Odysseus im Cockpit steht, ein elegantes Ankermanöver hin. Dafür erntet er große Bewunderung.

Die *Caroline* lädt zum Sundowner ein. Gerd bringt Nachrichten aus Deutschland, Tageszeitungen und Illustrierte mit.

Wir ankern unsere drei Yachten dicht nebeneinander und vertäuen sie, damit wir bequem von einem Boot zum anderen steigen können.

Um den Silvesterabend richtig einzuleiten, gehen wir an Land und feiern mit den Einheimischen ihr Straßenfest bei Steel-Bandmusik. Wir wandern bis zum Strand und schauen aufs Meer.

Später an Bord gibt es die vorbereiteten wohlschmeckenden Fische, Geflügel und Salate, dazu Wein und Bier. Jan-Erik erntet großes Lob für sein Bananengericht.

Gut gelaunt erzählen alle aus ihren Lebensgeschichten. „Hallo, hier sind Skipper und Bootsfrau von der *Nirwana*, dürfen wir mit euch feiern? Wir haben Pudding mitgebracht", fragen Wolfram und Kyra an unserer Bootswand.

Wir begrüßen sie erfreut. Sie klettern an Bord. Wir sitzen nun mit 13 Leuten eng zusammen im Cockpit auf der *Caroline*. Wolfram und Kyra erzählen von ihren Inselerlebnissen und gehören schnell wieder dazu. Kurz vor Mitternacht wechseln wir zur *Grotewind*. Gerd hat Champagner kühl gestellt, die Gläser werden gefüllt.

„Glückliches Neues Jahr, Gesundheit, Frieden, Freude!"

Wir prosten uns zu. Hupkonzert von allen Yachten und den Luxuslinern und Frachtern im Hafen und der Bucht. Feuerwerk! Auf der Insel Bequia flammt auch Feuerwerk auf.

Der Zauber ist in einer halben Stunde vorüber. Das mit riesiger Beachtung in aller Welt gefeierte Jahr 2000 – der Übergang in das 3. Millennium, ist verabschiedet. Das junge Jahr 2001 hat begonnen mit allen Geheimnissen für die Zukunft.

Gerd ruft:„Die Anker halten nicht mehr, wir vertreiben! Es wird gefährlich!" Fröhlichkeit und unbeschwerte Stimmung der Silvesternacht finden ein jähes Ende.

Alle wechseln auf ihre Boote. Die Schiffe schaukeln heftig. Doch die see-erprobten Segler manövrieren sehr schnell und ankern die Boote in sicherer Entfernung voneinander.

Tobago Cays – Vögel und Fische

Wie immer Planung des Törns, Wetterbericht und Navigation.

Bei gutem Wind, indigoblauem Wasser, strahlender Sonne und mit Passatwölkchen besätem blassblauem Himmel steuern wir Tobago Cays an. Unser Ziel ist Horse-Shoe-Reef, die kleine unbewohnte Insel und die Korallenriffe.

Diese Inseln und ihre Buchten sind von einer unbeschreiblichen Schönheit. Das Wasser ist bis zum Grund kristallklar. Große Rahsegler mit vier und fünf Masten liegen stolz vor der Buchteinfahrt, auch zwei Kreuzfahrtschiffe mit ferienfrohen Menschen an Bord ankern. In den Buchten liegen viele Segelyachten, die alle ihren Ankerplatz gefunden haben.

Auffallend ist ein rotes, uraltes Segelboot, das sich vermutlich auf zahlreichen Törns bewährt hat. Es trägt den schönen Namen Stella Maris. Ich mache Rainer auf dieses alte Boot aufmerksam. Er wird ganz aufgeregt: „Gib mir bitte das Fernglas." Er beobachtet das Boot, ruft Erika: „Das ist doch der alte Skipper Fritz mit Inge, die im Hafen von Bergen neben uns angelegt hatten". Wir ankern und sind nicht wenig überrascht, als ein Dingi bei uns längsseits festmacht:„*Seamonster*, ist das eine Überraschung, euch hier zu treffen. Inge hat euch gesehen. Kommt um vier Uhr auf einen Pott Kaffee zu uns an Bord!"

Der kleine Uraltsegler ist technisch gut ausgerüstet und fahrtüchtig. Der Skipper und seine Frau sind auf allen Meeren erfahrene Segler. Inge ist seit einem Jahr im Ruhestand, jetzt haben beide uneingeschränkt Zeit und wollen noch viele Törns machen. Wir verbringen eine fröhliche Kaffeestunde an Bord und laden sie zu einem Gegenbesuch ein.

Jan-Erik hat heute „abgemustert" und segelt auf der *Grotewind*.

Da die Bucht immer mehr Segler anzieht, beschließen wir zu der kleinen Insel Sandy Island zu segeln.

Wir erreichen bald das kleine Eiland mit seinem schneeweißen Strand und den sich im Winde wiegenden Palmen. Die Bucht wird nur von wenigen Yachten angelaufen.

Wir beobachten viele Vögel, auffallend sind Pelikane und Fregattvögel, die in dem fischreichen Gebiet leichte Beute haben.

Wir machen uns fertig zum Schnorcheln und springen von Bord in das warme, klare Meer und schwimmen zum Riff. Die Mittagssonne macht das Wasser fast durchsichtig. Schwärme von kleinen Fischen umschwimmen unsere Körper. Ihre großen Artgenossen haben unterschiedliche Formen. Ihre Farbpaletten schillern in Grün, Blautönen, knalligem Rot und sind mit graphischen Mustern versehen. Wir staunen über die Schönheit, die uns unter der Wasseroberfläche begegnet und sind überrascht, ein neues Karibikglück entdeckt zu haben.

Ich laufe auf der kleinen Insel, genieße den weichen, feinkörnigen Sand unter meinen Füßen und ruhe mich im Schatten einer Fächerpalme aus.

Ich bin längst an Bord, als die anderen von ihrem Unterwasserabenteuer zurückkommen.

Die *Grotewind* ankert gegen Abend in unserer Nähe. Jan-Erik und Gerd kommen zu uns an Bord. Leider haben wir die versprochenen Hummer von den Schwarzen, die sie uns auf ihrem schön bemalten Holzboot angeboten haben, nicht bekommen. Unser Abendessen ist bescheidener, aber es stillt den Hunger. Mit interessanten Gesprächen klingt der schöne Tag aus.

Gerd lädt Heinrich und mich zu morgen auf sein Boot ein. Ich freue mich.

Nach dem Frühstück holt Gerd uns mit seinem Dingi ab.

„Na denn, viel Spaß!", ruft Skipper Rainer.

Wir klettern an Bord des viel größeren Bootes. Der Skipper zeigt uns Salon und Kabinen. Alle Räume sind wohnlich und praktisch ausgestattet.

Im Cockpit bietet er uns einen erfrischenden Drink an. Wir wünschen uns einen schönen Tag. Die *Seamonster* hat den Kurs geändert und sich bereits weit von uns entfernt. Gerd steht am Ruder und schaut in die Sonne und ist mit sich und der Welt zufrieden. Wir kommen in ein gutes „Gesprächsfahrwasser" und entdecken gemeinsame Interessen. Gerd legt klassische Musik auf, an der wir uns erfreuen.

Er übergibt Heinrich das Ruder: „Du bist jetzt der Mann am Rohr!"

Dann kommt er auf meine Segelkünste zu sprechen. Ich erzähle ihm, dass ich von Rainer 1989 nach dem Tode meines Mannes zum ersten Mal zu einem Törn auf der Adria eingeladen wurde. Seitdem bin ich jedes Jahr dabei und habe Spaß am Segeln und an der fröhlichen Gemeinschaft mit der Crew. Es gab auch Überlegungen wenigsten den Grundschein zu machen. Die *Seamonster* - Crew hielt das nicht für nötig, meinte, es genüge, dass ich mich nicht wie eine „TUI-Reisende" verhalte und wo und wann es nötig sei, mit anpacke. Diese kleine Prüfung habe ich in den Jahren immer wieder gemeistert. Zum Glück bin ich auch seefest und war auf den zwölf Törns nur selten seekrank. Das entfacht immer die Spottlust, wird dann aber auch schnell wieder vergessen. Ich habe mittlerweile beschlossen, dass der wunderschöne Karibiktörn mein letzter sein wird.

„Nanu, wieso das denn?", fragt Gerd erstaunt.

„Ich kann mir nicht vorstellen, dass es nach diesem Segelrevier noch eine Steigerung gibt! Wenn es am schönsten ist soll man aufhören".

Gerd schaut mich ungläubig und sagt sehr bestimmt: „Du segelst nächstes Jahr wieder mit. Als du das erste Mal von Bord ins Wasser gestiegen bist und Mühe mit dem Heraufklettern an der Strickleiter eurer Bordwand hattest, dachte ich, sie sieht ja ganz fragil aus, und ob sie so gut für die Segelei geeignet ist, werde ich mal beobachten. Du hast dich blendend erholt, bist braungebrannt. Das Schwimmen und Schnorcheln macht dir Spaß und du springst sogar mit gelungenem Kopfsprung von Bord. Dann hast du die Ausflüge auf den Inseln auch bestens gemeistert. Wer so fit ist, sollte weiter mit segeln!"

Er behauptet das alles mit strahlendem Lächeln.

„Du hast ja recht, nicht mehr an Bord der *Seamonster* zu sein, ist unvorstellbar," entgegne ich ihm versonnen.

Der Skipper verschwindet in der Pantry und kommt mit einem leckeren Imbiss und Drinks ins Cockpit zurück.

Per Funk meldet sich die *Caroline* und kurze Zeit danach die *Seamonster*. Sie haben Kurs auf Grenada und teilen uns die Ankerbucht mit. Die *Nirwana* hat eine andere Route genommen. Gerd macht uns auf die Boote aufmerksam. Mit dem Fernglas sehen wir sie. „Sie segeln Regatta wie auf dem Atlantik, da halten wir mit!"

Gegen achtzehn Uhr haben wir die St. George-Lagoon erreicht. Smaragdgrünes Wasser, klar bis zum Grund. Wir springen in die Flut und genießen das warme Bad. Gerd ruft uns auf die *Grotewind*, reicht uns Frottiertücher und für den Sundowner den Rum – Punsch. Der Crew von der *Caroline* winken wir zu.

Die letzte Nacht unserer Etappe sinkt mit ihrem Sternenhimmel und dem Halbmond hernieder – Abschiedsstimmung.

Rainer lädt zum Käptn's Dinner in ein uriges Restaurant ein. Mit dem Dingi motoren wir landfein an den Steg und genießen köstliche Fisch- und Fleischgerichte und lassen den Törn von St. Lucia bis Grenada noch einmal lebendig werden. Wir sind uns einig, dieses war eine zauberhafte Segelreise, die wir alle in bester Erinnerung behalten werden.

Wieder ein strahlender Morgen.

Nach dem Packen haben wir noch eine kleine Strecke an der Küste der Gewürzinsel Grenada zu segeln.

Wir blicken von der Grand - Anse-Bay auf das im 18. Jahrhundert erbaute Fort George. Die Insel ist bergig und von tropischer Pracht. Am Carenage – Pier im Hafen liegen viele Großsegler und Kreuzfahrtschiffe. Grenada ist als Gewürzinsel für Zimt, Muskatnuss und Muskatblüte weltbekannt.

Für einen ausgedehnten Landgang für den Freund Heinrich und mich ist keine Zeit mehr. Der Bergwald mit seiner zauberhaften Fauna und Flora und den vielen Wasserfällen wäre ein verlockendes Ziel gewesen.

Von den Crews der Grotewind und der Caroline ist niemand zu sehen.

Die Zwillingsmänner Klaus und Wolfgang, ihre Frauen und Gerd kommen in ihren Dingis auf unser Boot zu. Sie nehmen unser Gepäck und Jan-Erik an Bord. Am Steg treffen wir uns wieder.

Unter einem blühenden Bougainvilleabaum werden Fotos geschossen.

Mit herzlichem Abschied und dem Wunsch, voneinander zu hören, trennen wir uns.

Ein freundlicher Taxifahrer bringt uns zum Flughafen. Eine Stunde später landet der gelbe Ferienflieger.

Die Feriengäste aus dem Norden, eingehüllt in ihre Anoraks und Pullover, sind überfallen von der karibischen Hitze, an die wir uns längst gewöhnt haben. Die neuen Crewmitglieder werden liebevoll begrüßt.

Willkommen und Abschied.

Karibik – ein beeindruckendes Segelrevier auf der anderen Seite der Erde

Das Erlebnis Segeln von Europa über den Atlantik in die Karibik mit seinen unterschiedlichen Etappen hallt lange nach. Für mich gehören die drei Wochen in dem Paradies der Kleinen Antillen und Grenadinen zu den glücklichsten und unbeschwertesten meines Lebens.

Als Segler und Urlauber waren wir willkommene Gäste und hatten auch gute Begegnungen mit Einheimischen.

Uns wurde bewusst, dass es viele soziale und wirtschaftliche Probleme auf den Inseln gibt. Die Armut der Bevölkerung und ihr bescheidenes Leben bleiben nicht verborgen. Die Geschichte der karibischen Inseln verdeutlicht das Unrecht, das ihnen in den vergangenen Jahrhunderten bis zu ihrer Befreiung angetan wurde. Europäer vieler Staaten, Zuwanderer aus Amerika und Asien mit ihren Kulturen haben die Inselwelt vielfältig und bunt geprägt.

Auf der Insel St. Lucia wurde 1930 Derek Walcott geboren und wuchs dort auf. Mit ihm ist der Karibik ein großer Dichter geschenkt worden. Für sein Versepos „Omeros" erhielt er 1992 den Nobel-Preis für Literatur. Er erzählt die Odyssee seines Volkes und beschreibt die Geschichte der Sklaverei, des Rassismus und der Selbstbehauptung der schwarzen Menschen auf den karibischen Inseln ohne Anklage gegen die Weißen. Das Meisterwerk der Poesie hat mich zutiefst bewegt und aus Buch Sieben des Epos sind Verse ein nachdenklicher und würdiger Abschluss meines beglückenden Erlebens dieser Insel- und Wasserwelt.

Ich sang von unserer Heimat, der karibischen See... Nun
aber stirbt die Idylle, der Kelch ist zerbrochen.
Und Regenwasser rinnt an der Wange eines Kruges
nieder
aus Lehm von Choiseul. Vieles bleibt unausgesprochen
von meiner quieksenden Feder! Und mein Erdentor ist
offen...
Wenn der Mandelbaum oder die rostroten Reben
rascheln, weg von meiner unpharaonischen
Muschelpyramide
hin zum Papier, das der Wind zerschnippelt, zerstreut und
wie die Namen der Möwen von weißem Schaum trennt,
ihr nickt dem Fischer zu und seinem erdbraunen Hund,
der zurückweicht vor den Wellen, ihr runzelt die Stirn
für einen Moment über eine Gestalt. Im Erdengrab
segelt meine Piroge mit Messinggriffen hinweg...

Lasst die tiefe Hymne der Karibik meinen Epilog
übernehmen:
Mögen die Wellen ihre Schleier lüften, wenn meine
Trauernden zu ihren verrosteten Dörfern heimgehen,
die guten Schuhe in der Hand, vorbei an einem Jungen
im unwissenden Meeresschaum, ein Segel kommt herein,
eins fährt hinaus, er sieht Regen den Sand zerfurchen.

Etwas allzu Entrücktes
ist in ihrem Schweigen. Frauen wenden den Blick ab,
wenn sich ihre Augen begegnen; ihre Schönheit ist
berückend,
ein Kunstwerk aus Ebenholz. Doch sollte sich ihre Gestalt
herumdrehen, gehämmert aus Meeresmetall wie
das Profil auf einem Schild, dieser wendige Hals,
der sich zur Palme sehnt, würde man sich an jene
Schlacht
erinnern, nach der die Insel benannt und das wogende
Wrack
der Ville de Paris im schaumig gekräuselten Mieder, oder
einfach denken: "Welch wunderschöne einheimische
Frau!" Ihr
Kopf dreht sich bei jedem Fingerschnippen, ihr träger

Blick nähert sich einem, mit der Gelassenheit eines
Panthers.
Denn Afrika, nicht das alabasterne Hellas, schreitet hier,
und die halbe Welt zeigt ihre schwarze Perle
offen. ...und ihr wendet ab euren Blick von dem ihren,
der nie den Makel Trojas barg.

Von Omeros Gipsbüste zog stetig und kreidigweiß
der Rauch wie ein langgezogener Pferdeschweif,
heraufbeschworene Geister über unseren Himmel... .

Der Vollmond ging auf, eine rohe Zwiebelscheibe.
Als er vom Strand wegging, rauschte das Meer weiter.

Derik Walcott, aus OMEROS

Ankunft in Makkum / Niederlande und Seglerfest in Deutschland

Dank der modernen Technik über Internet und Funk waren Familie, Freunde und mitsegelnde Crewmitglieder informiert über die besonderen Erlebnisse und Ereignisse an Bord der *Seamonster*. Jan-Erik und Bettina segelten die Yacht mit wechselnden Crewmitgliedern aus der Karibik, über Bermuda, die schwierige Nordatlantikstrecke zu den Azoren nach Großbritannien zurück - eine großartige Leistung von Jan-Erik und Bettina!

Rainer übernahm in Falmouth von Skipper Jan-Erik nun wieder die Führung. Die letzte Etappe segelten die Eltern, ab Amsterdam mit Hanna und Jürgen. Am 23. Juni 2001 erreichte die *Seamonster* über alle Toppen geflaggt ihren Liegeplatz in Makkum, Niederlande. Der Empfang war dem großen Törn entsprechend begeistert und von überwältigender Mitfreude geprägt. Sogar die Freunde Klaus und Heinrich haben die 330 km lange Autofahrt nicht gescheut, um die *Seamonster* in Empfang zu nehmen.

Im November 2001 feierte die gesamte Crew, über 80 geladene Gäste, in Haus und Garten des Skippers Rainer und seiner Familie bei noch herbstlichem Wetter mit einer Endlos - Diashow, Musik, Tanz und kulinarischen Speisen ein lustiges Seglerfest. Junge und ältere Segler und Mitsegler verstanden sich prächtig, jeder erhielt seine Urkunde über die Teilnahme am Atlantiktörn mit den überstandenen Seemeilen. Unglaubliches Seemannsgarn wurde gesponnen! Aber was bedeutete Wirklichkeit und Wahrheit auf so einer *Seamonster* mit zwei tollen Skippern und der Super - Boots - und Wetterfrau und der Riesencrew, die alle bereit waren, das Abenteuer Atlantiktörn auf der Columbusroute und zurück nach Europa zu erleben und bei Wind und Wetter sich dem Meer zu überlassen?

5. Wieder in europäischen Segelrevieren

Nach dem großen Törn über den Atlantik, die Karibik und zurück nach Europa, der alle, die teilnahmen, begeisterte und bereicherte, schien es so als sei dieses Segelereignis nicht mehr zu toppen. Doch Segler zieht es immer wieder hinaus aufs Meer.

2002: Frankreich: Normandie - Bretagne - Paris

Ein Jahr später ging es wieder auf Segeltörn.

Das Reiseziel war nun Frankreich mit Normandie und Bretagne, für die Segler ist dieses Revier eine Herausforderung. Der gewaltige Tidenhub von 8 bis 12 Metern erzeugt starke Strömungen und erfordert erhebliche seemännische Vorausberechnungen, von Skipper und Bootsfrau sorgfältige Navigation, um sich zwischen zahlreichen Felsen und Inseln hindurch zu manövrieren und einen auch bei Ebbe geeigneten Ankerplatz zu finden oder rechtzeitig das nur wenige Stunden offene Hafentor für die wohlverdiente Nachtruhe zu erreichen. Belohnt wird die Mühe schon unterwegs, wenn nur das Wasserrauschen zu hören ist und die Segel sich im Winde blähen oder der elektronische Navigator das Schiff sicher durch die Nebelwand steuert und der ersehnte Leuchtturm plötzlich sein Horn bläst und zu erkennen ist, wo die Seekarte ihn erwarten lässt, so beschrieben es Skipper Rainer und Bootsfrau Erika nach überstandenem Törn in ihrem Neujahrsbrief.

Zur Crew gehörten Jan-Erik und sein Freund Alexander, Hanna und Jürgen und ich. Ich hatte über Paris nach Brest anzufliegen und wurde dort von der Crew in Empfang genommen. Mit einem Mietauto erreichten wir die Marina und ich betrat die mir so vertraute *Seamonster*.

Dieser Törn war aufregend, weil er an der berühmt – berüchtigten Bretagneküste entlang riesiger roten Granitfelsen führte und es so schien, als würde es kein Ausweichen vor den unter dem Wasserspiegel liegenden Felseninseln geben. Aber die erfahrenen Seeleute schafften es immer.

Auch die Landgänge konfrontierten uns mit der großartigen Natur einer scheinbar unberührten Landschaft mit kleinen Bauernhöfen, die nur noch von alten Menschen bewirtschaftet wurden. Die Jugend hatte es in die Städte gezogen. Die Bodenständigkeit der bäuerlichen Menschen zeigte sich in ihren Sonntagstrachten mit wunderbaren Spitzenhauben, die die Frauen trugen. Auch Blusen und Leibchen und die weiten Röcke waren schön und versetzten in vergangene Zeiten.

Auch auf alte Kultur stießen wir. Jan-Erik und Alexander erinnerten sich an die Comics mit Asterix und Obelix bei den Galliern mit den Hinkelsteinen.

Von Carnac aus erreichten wir das Feld der Megalithen. Hier gab es in langer Reihe etwa 300 aufgestellte Megalithen oder sie waren zu Kreisen in unterschiedlicher Größe angeordnet. Auch wie riesige flache Tische aussehende Dolmen, die als Grabkammern dienten, verlockten uns ihr Inneres zu betreten. Die Megalithkultur soll auf die Zeit der Kelten zurückgehen. Ähnliche Anordnungen sind an vielen Orten im Mittelmeerraum zu finden.

Ein kleines Museum mit Videoclips erklärte die bisherigen Forschungsergebnisse der Archäologen, aber genau weiß man bis heute nichts darüber.

Auch unsere Fantasie war angeregt. Wir erinnerten uns an Druiden und Opferkulte oder an König Artus Tafelrunde und Merlins Goldharfe im Zauberwald, die Feen in den Nebeln der Insel Avalon als rettende Helferinnen und die Liebesgeschichte von Tristan und Isolde. Dieser Reichtum vieler Geschichten aus unserer Kindheit und Jugend hatte ihren Ursprung in dieser unberührten Natur.

Wir entdeckten Einritzungen in große Dolmen, die wir nicht entziffern konnten. Die Spiralen könnten ihre mythologische Analogie in den Vorstellungen der Lebenszyklen von Geburt, Leben und Tod und vielleicht auch Wiedergeburt haben.

Die beiden jungen Leuten gingen uns voraus und erwarteten uns mit einem lukullischen bretonischen Abendessen. Alexander ist wie sein Großvater leidenschaftlicher Koch und Jan-Erik bereitet ebenfalls gern schmackhafte Speisen. Der französische Rotwein regte uns an, uns immer mehr vorzustellen, was Asterix und Obelix und nun auch wir in diesem interessanten Land erlebten. Viele französische Dichter wie Honore de Balzac oder Francois-Rene de Chateaubriand und Victor Hugo aus dem 18. und 19. Jh. hatten in der Bretagne ihre Wurzeln.

Am nächsten Morgen hatten Alexander und Jan-Erik schon ein Proviantpaket im Rucksack und luden uns zu einer Wanderung in ein nahegelegenes Naturschutzgebiet, ein: Moor – und Heidelandschaft mit verkrüppelten Birken. Alexander, der

Mikrobiologe, und Jan-Erik, der Geograf, erklärten uns seltene Pflanzen und Moose und unterschiedliche Gesteinsarten, die nur hier anzutreffen sind, Naturwissenschaft vor Ort. Als wir den Park verließen, fanden wir an einer großen Einführungstafel vieles bestätigt, was uns unsere jungen Wissenschaftler ausführlich vorgetragen hatten.

Der nächste Tag war der schönen Fachwerkstadt Quimper mit der Kathedrale Saint-Corentin (13.-19. Jh.) gewidmet. Hanna und Jürgen nahmen den Bus nach Brest und fuhren von dort mit der Bahn durch Frankreich und Deutschland nach Kiel. Diese Möglichkeit fanden sie interessanter als mit dem Flugzeug zu reisen, um an ihr heimatliches Ziel zu gelangen.

Rainer, Erika und ich reisten per Auto über Rennes nach Paris und verlebten in der französischen Metropole zu Fuß und mit dem Schiff auf der Seine einen wunderschönen Sommertag. Ein Besuch im Museum für moderne Kunst im Centre George Pompidou war eine Bereicherung.
Gegen 22.00 Uhr fuhren wir über die Champs-Élysées durch den Arc de Triomphe Richtung Autobahn. Am frühen Sonntagmorgen erreichten wir heimatliche Gefilde.

Unsere beiden jungen Segler Jan-Erik und Alexander setzten auf ihre seemännische Leistung „noch eins drauf". Zu zweit legten sie die 705 Seemeilenstrecke von Brest durch den Englischen Kanal bis Texel nonstop in 6 Tagen bei ungünstigen Winden, aber schönem Spätsommerwetter, zurück.

2003: Litauen, Lettland, Estland, Finnland: Östliche Ostsee

Dieser Törn führte die *Seamonster* über den bisher gesegelten Ostseeraum hinaus. Skipper Rainer und Bootsfrau Erika berichteten dazu:
„Durch die flachen Boddengewässer, entlang der polnischen Ostseeküste nach Danzig erreichten wir die baltischen Länder Litauen, Lettland und Estland. Seemännische Herausforderung waren mehrere Nachtfahrten mit starken Gewittern, um nach Klaipeda, dem ehemaligen Memel, zu gelangen."

Im Hafen legte das Fährschiff aus Kiel kommend an. Skipper und Bootsfrau nahmen Hanna und Jürgen, bewährte Familiencrewmitglieder, in Empfang.

Mit Bus und in Wanderschuhen haben sie die Kurische Nehrung erkundet und staunten über die hohen Wanderdünen mit dem Blick auf das dunkelblaue Wasser der Ostsee. Das Thomas Mann - Haus in Nidda erinnerte an seinen großen Roman „Joseph und seine Brüder", an dem er 1932 hier gearbeitet hatte. Das Wasser war warm und verlockte zum Baden. In Klaipeda fand sich ein Gedenkstein mit einer anmutigen Bronzestatue des Mädchens Ännchen von Tharau. Aus der Sammlung „Stimmen der Völker" von Gottfried Herder wurde dieses Gedicht bekannt und zum Volkslied.

Die *Seamonster*- Crew segelte von Klaipeda nach Liepaja. Nach Riga, der Hanse - und Hauptstadt Lettlands, machten sie einen Ausflug mit dem Bus. Der Crew fielen die schönen Fassaden der Bürgerhäuser aus dem 17. Jh. und im Jugendstil, der Dom und viele noch gut erhaltene Kirchen in der Altstadt auf. Das Schloss, erbaut von den Ordensrittern, mehrfach zerstört und wieder aufgebaut, grüßte über den Fluss Daugava.

Mit Zwischenstops zur Besichtigung und Erholung erreichte die Yacht den Olympiahafen von Tallinn, der Metropole Estlands.

Nach einer Flugstunde von Hamburg nach Tallinn mit der Estonia-Air betrat ich den Boden eines für mich fremden Landes und freute mich über die liebevolle Begrüßung meiner Geschwister. Auf der *Seamonster* fühlte ich mich wie jedes Jahr sofort heimisch. Der übliche Begrüßungsschluck verbreitete gute Laune. Ich war neugierig, was mich in Estland erwarten würde, denn nach der Wende 1989 hatte sich im Baltikum viel verändert. Die Menschen dieses Landes beteiligten sich an der „Singenden Revolution" mit ihren alten Volks- und auch geistlichen Liedern in ihrer eigenen Sprache, die ihnen durch den „großen Bruder Sowjetunion" verboten war. Nach dem Abendessen mit einem Glas Wein oder Bier im Cockpit erzählten sie mir gut gelaunt von ihren Erlebnissen im Segelrevier Ostsee oder Baltisches Meer.

Der Skipper meinte zu mir: „Dieser Törn wird ganz anders, als du dir vorstellen kannst!" Nun war ich wirklich gespannt.

Jürgen erzählte, dass er bereits vor der Wende im Auftrag der Nordelbischen Landeskirche die Evangelische Lutherische Kirche in Estland betreut hatte und hier sehr viele Gemeinden mit ihren Pfarrern kannte. Hanna ergänzte: „Die Menschen strahlen

Dankbarkeit und Zuversicht aus, weil sie nun endlich nach ihrer wechselvollen Geschichte mit dänischer, schwedischer und preußischer Herrschaft und unter dem Joch der Sowjetunion ihre Freiheit erlangt haben; sie leben im kleinsten Land des Baltikums. Durch den Hitler-Stalin-Pakt wurden viele Balten-Deutsche „heim ins Reich" geholt, ob sie das nun wollten oder nicht. Nach dem Ersten Weltkrieg waren sie bereits eine demokratische Republik. 1940 beherrschte Stalin das Volk mit der Knute, die uns bekannt ist. Als das sowjetische Imperium 1989 zerfiel und sich Gorbatschow auch im Baltikum blicken ließ, gab das Volk mit Demonstrationen und nationalen Liedern in estnischer Sprache zu verstehen, dass die Russen zu verschwinden hätten und das Baltikum endlich seine Freiheit für alle Zeiten haben wollte."
„Woher weißt du alles?" fragte ich. Jürgen ergänzte und erzählte, was er mit den Menschen in Estland alles erlebt habe: „Sie haben trotz ihrer Armut eine unglaubliche Aufbauleistung geschafft, auf die sie stolz sein können. Junge und alte Leute sind lernbereit, sie wollen alles nachholen, was wir im Westen ihnen voraus haben. Sie telefonieren nur mit Handys, Festnetz-Telefon brauchen sie nicht. In den Schulen arbeiten sie am PC und sie lernen Deutsch und Englisch. Mit den Deutschen haben sie nach der Wende gute Erfahrungen gemacht. Sie wollen nicht nur mit den Finnen und Skandinaviern Zusammenarbeit, sondern auch mit Deutschland. Dazu bietet sich unsere gemeinsame Lutherische Kirche an. Du wirst es selbst feststellen können."
Jürgen kannte Tallinn und übernahm die Stadtführung. In der Unterstadt an dem schönen Rathaus aus der Spätgotik, übersetzte Jürgen uns die Inschrift auf einer Tafel: „Abgeordneter, wer auch immer du sein magst, wenn du das Rathaus betrittst, um öffentliche Pflichten zu erfüllen, lasse dein Privatleben vor der Tür. Unrecht, Feindschaft, Freundschaft, Schmeichelei; ordne deine Person und deine Sorge der Gemeinschaft unter, weil du direkt oder indirekt, über andere Menschen entscheidest, stehst du selber unter Gottes Rechtsprechung". In der Hauptstraße entdeckten wir die Gildehäuser und auf einem stand eine Skulptur von Martin Luther. An der Nikolaikirche vorbei führte eine enge, steile Gasse zum Domberg hinauf in die Oberstadt, früher wohnte hier der Adel. Am Schloss vorbei standen wir vor der dicken Stadtmauer und genossen einen wunderbaren Blick auf die Stadt mit ihren dicken und schlanken Türmen. Auf dem „Langen Hermann" wehte die estnische Flagge in den Farben Blau –

Schwarz - Weiß. Da eine Hochzeit im Dom gefeiert wurde, war keine Besichtigung möglich. Vor unseren Blicken stand stolz und beherrschend die Alexander – Newski – Kathedrale mit einem hohen und rundum vielen kleineren Zwiebeltürmen, eine russisch – orthodoxe Kirche, erbaut von 1894 bis 1900. Der Innenraum mit den Ikonen war beeindruckend.

Gewaltig stand der mächtige Kanonenturm, den die Leute in Tallinn „Kiek in de Kök" nennen, weil aus seinen Fensteröffnungen jeder Einsicht in die Küchen der Stadt nehmen konnte.

Auf halber Höhe der Stadtmauer gab es ein schmuckes Restaurant. Wir nahmen einheimische Suppen zu uns und ließen sie uns schmecken. Unser Blick schweifte über Tallinns Türme und Dächer hin zum Hafen mit hohen Kränen und Schiffen. Auch der Yachthafen war zu erkennen.

Eine schöne Stadt mit liebenswerten Menschen, die Zufriedenheit ausstrahlten. Es ist den Völkern des Baltikums zu wünschen, dass sie nie wieder ihre Freiheit verlieren, sie haben sie sich singend, aber zielstrebig erkämpft.

Wir kamen an der Klosterruine Pirita vorbei, überquerten die Straße und erreichten die Marina, ein modernes Segelzentrum, gebaut für die Olympischen Sommerspiele1980 in Moskau zur Austragung der Segelwettbewerbe. Die Schale für das olympische Feuer ist Zeuge der ausgetragenen Regatten. Der Boykott der Olympischen Sommerspiele durch die westlichen Länder verhinderte, dass Pirita bekannt wurde.

Die nächsten Tage wanderten wir durch die Nationalparks und staunten über die unberührte Moorlandschaft mit Flüssen und Seen und dichtem Wald mit Kiefern- und Birkenbestand. Wir erreichten einen hölzernen Aussichtsturm und kletterten hinauf. Der Blick auf die grandiose Natur überwältigte uns.

Auch die schönen Gutshöfe Palmse, wo wir verweilten und uns Tee und Kuchen von freundlicher Bedienung serviert wurde, und andere Herrenhäuser baltisch-deutscher Barone luden zur Besichtigung ein. Das Schloss Katharinental mit seinem schönen weißen Barocksaal lohnte die Besichtigung. Der Park wirkte verwildert, aber sein alter Baumbestand erfreute die Besucher. Von dort war es nicht weit bis zu der riesigen Sängerbühne mit einer Muschel, in der über 30.000 Sänger und Sängerinnen 1989 die singende Revolution einleiteten. Jedes Jahr findet hier ein großes Sängerfest statt. Hanna und Jürgen erzählten begeistert davon.

Ein Ausflug führte uns an der Steilküste mit Blick auf das Meer nach Narva. Hier standen wir auf estnischer Seite auf der Hermannsfeste und sahen auf die russische Festung Iwangorod. In der Altstadt von Narva entdeckten wir eine große Skulptur von Lenin, den die Esten umgedreht hatten. Er reckte seinen ausgestreckten Arm über die Grenze nach Russland.

Der nächste Tag führte uns durch endlose Wälder. Wir suchten ein altes orthodoxes Nonnenkloster am Peipussee. Die Sonne stand bereits im Westen. Erika forderte uns auf, die Sucherei aufzugeben, da wir bei Anbruch der Dunkelheit nicht mehr aus dem Wald ohne Hinweisschilder herausfinden würden. Wir waren erleichtert als wir über Schotterstraßen endlich die Hauptstraße und eine Tankstelle erreichten. Nach einer Verschnaufpause mit Eis und Kaffee ging es dann zügig zum Yachthafen.

Angesagt war eine Fahrt nach Tapa, der Partnerstadt zu Preetz, Schleswig - Holstein. Rauni, eine alte Malerin, mit ihrer Tochter Helgu, einer Deutschlehrerin, begrüßten uns und geleiteten uns in das Gemeindehaus zu dem jungen Pastor. Er zeigte uns seinen schönen Kindergarten und die Kirche mit dem neuen Turmhelm. Kupfer hatte er nicht gewählt, Aluminium tat es auch. In der Kirche zeigte er uns links und rechts vom Altar zwei riesige Öfen. die von unten geheizt wurden und dringend der Renovierung bedurften. „Die Gemeinde kommt zum Gottesdienst von weit her, auch wenn es im Winter bitterkalt ist. Der Gottesdienst dauert mit Taufen oder auch Trauerfeiern immer über zwei Stunden", erklärte er und zeigte Jürgen alles sehr genau und erhoffte sich von ihm die Befürwortung des notwendigen Geldes.

Rauni und Helgu waren auf den Fahrrädern nach Hause gefahren. Als wir eintrafen, erwartete uns eine festliche Tafel mit wohlschmeckenden Speisen. Wir waren überwältigt.

Nach der Mahlzeit zeigte Rauni uns ihre schönen Bilder und schenkte „Frau Hanna" eines, das war eine große Ehre. Wir bewunderten ihren Garten. Als ich sie fragte, warum sie nur die Hälfte nutzte, erwiderte sie lächelnd: „Ich baue nur das an, was ich kräftemäßig schaffe und denke, der Herrgott gibt mir das, was ich brauche." Mit Freude erzählte sie, ihr Sohn sei Orgelbauer und sie habe ihm ein deutsches Buch über Orgelbau in die estnische Sprache übersetzt und erhoffte sich, dass er eines Tages auch aus Deutschland Aufträge zur Renovierung von Orgeln erhalten würde. Jetzt arbeite er vorwiegend in Finnland und Skandinavien. Ich fühlte mich tief berührt von der Bescheidenheit und dem

Gottvertrauen der alten Frau. Auch Aivii und Peter mit Tochter und Freund, die uns an Bord der *Seamonster* besuchten und später mit Jan-Erik und Alexander segelten, waren von ihrer Lebenseinstellung her dankbar und zufrieden. Mit Hanna und Jürgen verbinden alle eine herzliche Freundschaft.

Diese Tage in Estland mit liebenswerten Menschen werde ich nie vergessen. Sie strahlten überspringende Fröhlichkeit und Zufriedenheit trotz ihrer bescheidenen Lebensumstände aus und stimmten mich nachdenklich.

Der Skipper hatte nach Literatur für diesen Törn gefragt. Ich überließ ihnen das Buch „Der Tod von Reval", düstere Geschichten, die in die wechselhaften historischen Ereignisse des Baltikums passten, und die Novelle „Der spanische Rosenstock", eine zarte Liebesgeschichte, beide meisterhaft von dem baltisch – deutschen Dichter Walter Bergengrün erzählt. Zum Vorlesen hatten wir keine Zeit. Die Begegnungen und Gespräche mit den estnischen Menschen, die Beziehungen zu uns Deutschen knüpfen und pflegen wollen, waren wichtiger.

Crewwechsel, Abschied von Hanna und Jürgen, Begrüßung von Jan-Erik.

Die *Seamonster* nahm Kurs über den Finnischen Meerbusen Richtung Helsinki. Am Nachmittag holten Jan-Erik und ich Alexander vom Fährhafen ab. Wir verlebten mit den beiden jungen Leuten wieder zwei lustige Tage und dann eine stürmische Überfahrt nach Tallinn, die wir schaffen mussten, da mein Flieger nicht wartete. Ich war von heftiger Seekrankheit geplagt und froh, wieder Land unter den Füßen zu haben.

Ein ungewöhnlicher Törn mit Erlebnissen durch das Baltische Meer und Land mit grandioser Natur und gastfreundlichen, liebenswerten Menschen wird mir in Erinnerung bleiben.

2004: Schottland: Caledonian Canal - Innere Hebriden

Schottland – was für ein Törn mit Skipper Rainer und Bootsfrau Erika und mir – nur Mitseglerin, aber erfahrene Bergsteigerin, und als Reiseführer Theodor Fontane mit „Jenseit des Tweed" (1889); seine Beschreibungen stimmen haargenau!!!

Die *Seamonster* wurde von Makkum, ihrem angestammtem Liegeplatz, von dem auf vielen Meeren erprobten Seglerpaar durch die Nordsee und zuletzt durch den Firth of Forth nach Edinburgh gesteuert. Ich erreichte die schottische Hauptstadt mit dem Flugzeug und fühlte mich nach dem Begrüßungsschluck sofort an Bord willkommen und heimisch.

Ich lasse Skipper und Bootsfrau schildern, was ihnen für diesen Törn vorschwebte und wie es dann war:

„Alles, was Schottland nachgesagt wird, haben wir erlebt: Grauen Himmel mit kleinen blauen Löchern, tagelangen Regen, Nebel, sturmumtobte Hebriden, Dudelsack spielende Kiltträger und kraftstrotzende berockte Heavymen und -women Baumstamm schwingend und Steine schleudernd, rhythmisch tanzende anmutige Mädchen und Frauen in Schottenröcken und Schottenstrümpfen bei Highlandgames, und unzählige Schafe, einsame Lochs, Bergsteiger, viele historische Castles und saftiggrüne Golfplätze".

In diesem rauen Lande um die Macht buhlender Königinnen und sich bekämpfender Clans schiffte ich mit Skipper und Bootsfrau von Inverness entlang des Great Glen mit den zahlreichen Lochs durch die vielen Stufen des Caledonian Canals. In Fort William legten wir an, um den 1343m hohen Ben Nevis zu erklimmen, und das in dickem Regenzeug und Gummistiefeln. An einem Felsbrocken, dem Whistle Stone, legten wir in einen tiefen Spalt einen Euro, um uns einen geheimen Wunsch erfüllen zu lassen. Wir erreichten das Visitor - Center. In einer Ausstellung lasen wir Warnschilder und Hinweise auf die Zahl der jährlich Verunglückten beim Aufstieg auf den Ben Nevis.

Gefährlich wurde es durch plötzlich aufwallenden Nebel und nasse, rutschige Felsenstufen. Trotzdem probierten wir es. Als dann ein Platzregen einsetzte, zogen wir es vor, den Gipfel nicht zu erstürmen. Der Vernunft gehorchend stiegen wir vorsichtig abwärts.

In einem Teehaus genossen wir wunderbaren englischen Tee und feines Gebäck.

Ständiger Begleiter durch Schottland zu Wasser und zu Lande war der Regen.

An Bord unseres guten Schiffes entledigten wir uns der nassen Kleidung, kein Faden war trocken geblieben. Warm geduscht und frisch angezogen bereiteten wir unser Abendessen und bei traulichem Lampenlicht reisten wir mit Theodor Fontanes „Jenseit des Tweed" durch Schottland. Angeregt durch den großartigen

Dichter fiel mir eine Geschichte ein, mit der ich die Reise durch das raue Schottland abschließen möchte.

Nessi, das Monster oder was ist es wirklich ?

Jan und Alex haben das Meer schon oft auf der schmucken Segelyacht *Seamonster* bezwungen und jetzt die Herausforderung auf der Nordsee Richtung Schottland geschafft und die Inselgruppe der Hebriden im Nord-Atlantik fast erreicht. Unter der grauen Wolkendecke mit wenigen blauen Löchern am Himmel und nicht endenden Regengüssen, sitzen sie im Cockpit und beratschlagen, was zu tun sei. Über das verflixte Handy ist der moderne Mensch auf dem ganzen Erdball erreichbar. So auch Alex: Ein unaufschiebbarer Termin verkürzt seinen Urlaub. Jan will nicht aufgeben, es lockt ihn als Einhand-Segler weiter zu machen, ist ja nicht schwer durch den Caledonian Canal zu schleusen, Helfer gibt es unter Seglern immer. Also Abschied am Flughafen in Glasgow.

Gegen 10.00 Uhr legt Jan von Inverness ab und nimmt einige Schleusenstufen des Caledonian Canals und erreicht das weltberühmte Loch Ness. Der Wind brist auf. Das Loch ist 140m tief und das Wasser schwarz. Der Nebel wird dichter und nimmt die Sicht. Da fällt dem jungen Skipper ein, dass er es nun mit dem Ungeheuer von Loch Ness zu tun bekäme. „He, Nessi!" ruft er übermütig, „*Seamonster* lässt grüßen!" Das Loch wird unruhig, das Wasser rauscht heftig und verschluckt seinen Ruf. Tonnen und Seezeichen sind nicht erkennbar, nicht einmal rotes Backbord - oder grünes Steuerbord - Licht an seinem Schiff. Er nimmt die Taschenlampe und leuchtet das Wasser und die Küste ab. Das Wasser stinkt brackig und peitscht auf. Da scheint etwas nicht mit rechten Dingen zuzugehen. Rettungsweste und Lifebelt legt er an, um sich zu sichern.

Plötzlich hebt sich das Schiff und stürzt in einen Strudel. Bloß keine Angst hochkommen lassen! Er schmettert mit lauter Stimme: „...und ein Schiff mit 8 Segeln und 50 Kanonen an Bord! Nessi, wo steckst du?"

Da ist das Biest! Es zeigt seinen Drachenkopf und einige Höcker seines langen Körpers und peitscht das Schiff von Luv nach Lee. Jan kann es nicht mehr halten und wird über Bord gerissen, bleibt am Lifebelt hängen, schlägt mit dem Kopf gegen die Bootswand und aus ist es mit ihm.

Es passiert Unglaubliches!

Jan sieht nur noch dunkelgrüne Algen in der Schwärze des Wassers und es wimmelt von merkwürdigen Wesen: Lauter Nessis! Sie sehen aus wie uralte Dinosaurier und schwänzeln um ihn herum. Allmählich hat er sich auf die dunkle Tiefe eingestellt und seine Augen streiken nicht mehr. Da streicht eine junge Nessi um ihn herum und redet auf ihn ein in einer ihm unverständlichen Sprache. Was will sie von ihm? Er fühlt ihren langen schuppigen Schweif auf seinem längst kühl gewordenen Körper. Er zieht die Beine an, damit sie ihn nicht umringeln kann. Er sieht ein blitzendes Krönchen auf ihrem merkwürdigen Kopf und bemerkt einen seltsamen Augenaufschlag. Will sie mit ihm flirten? Aber er will keine Annäherung. Sie ist ein Monster. Berichte und Sagen über das Ungeheuer im Loch Ness sind Jan bekannt. Im Sommer des Jahres 565 sah der irische Missionar Columban Nessi zum ersten Mal aus den Fluten mit Donnergetöse auftauchen. Mit einem schnellen Hieb ihres stacheligen Schweifes tötete sie zwei starke Fischer, die gerade ihre Netze auswerfen wollten. Der Mönch reagierte blitzschnell und schlug das Zeichen des Kreuzes. Das Biest verschwand für Jahrhunderte wieder in den Höhlen der Tiefe des Loch Ness. Erst im 20. Jahrhundert fühlen sich wissenschaftliche Forscher aufgerufen, wieder nach dem Seeungeheuer zu suchen. Seitdem ist die Fantasie der Menschen nicht zu bremsen, viele meinen sie gesehen zu haben. Nun auch Jan.

Er ist unruhig, wirft sich hin und her und kann nicht orten, wo er sich befindet.

Endlich gelingt es ihm, die Augen aufzuschlagen. Der Raum ist ihm unbekannt. Eine blonde junge Frau spricht ihn an: „Hallo, wach endlich auf!" Im Türrahmen steht ein kräftiger älterer Mann. Jan fragt: „Bist du der Mönch Columban?"

Beide lachen.

Jan ist verwirrt und schreit lauthals los: „Du bist Nessi!", und driftet wieder in die Dämmerung seiner unruhigen Träume. Seine beiden Retter sind ratlos. „Was ist bloß mit dem Kerl los, er ist wohl auch ein Monster, nicht nur sein Schiff."

Jan wälzt sich hin und her und wimmert: „ Hau ab, du Monster, dich gibt es gar nicht, die Leute, die dich suchen, spinnen alle..."

Der „alte Mönch in seiner abgewetzten braunen Kutte" legt seine arbeitsraue Hand auf seine Stirn. „Hm ... der Junge hat Fieber. Er braucht unseren Kräutertee und wir machen ihm altbewährte Wadenwickel."

Als sie ihn abreiben, schreit er wieder: „Blöde Nessi, lass mich los, ich will nicht in das schwarze Wasser..."

Der Mönch und Nessi lassen von ihm nicht ab. Er hat ganz trockene Lippen und fürchterlichen Durst und schlürft den Tee. Dann fällt er in abgründige Tiefen und stürzt in die Algen und kann sich nicht gegen die vielen Monster wehren.

„He, Jan, hörst du mich? Ich weiß, wer du bist...", eine sanfte Stimme weckt ihn und er blinzelt und wundert sich, dass hier das Sonnenlicht einfällt. Dann sieht er das hübsche Mädchen. Er ahnt immer noch nicht, was sich ereignet hat und wo er ist.

„Wenn du Nessi bist, kannst du auch zaubern und hast dich verwandelt, aber mich kriegst du zu nichts herum. Wo ist denn der Mönch geblieben?"

Sie schüttelt ihn und fordert jetzt energisch: „Setz dich auf und hör mir zu!"

Dann erfährt er: „Du bist mit deiner Yacht in einen heftigen Sturm geraten, den du unterschätzt hast. Immerhin hast du dich abgesichert, sonst hätten der Schleusenwärter und ich dich nicht retten können. Du hast Glück gehabt. Dein Schiff heißt *Seamonster*, du hast es deshalb mit unserem Monster Nessi aufgenommen. Sollte man besser nicht tun."

Langsam begreift Jan. Er fühlt sich wieder stark: „Wer bist du nun wirklich und wo ist mein Schiff?"

Sie sagt nichts über sich.

„Du bist in Fort Augustus, komm, ich zeige dir dein *Seamonster*...."

Hemd und Jeans sind zerrissen, also muss ihm Schlimmes passiert sein. Gut vertäut liegt die Yacht vor dem Schleusenwärterhaus. Beide klettern an Bord.

„Aha, du hast in der Navigationsecke nach meinen Papieren gesucht", stellt er fest. „Klar, wir mussten doch wissen, mit wem wir es zu tun haben, denn reden konntest du nicht, hast immer nur rumgesponnen. Ich zeige dir den Fall of Foyers, den schönsten Wasserfall am Loch Ness."

Das sonnengebräunte blonde Mädchen springt von Bord und Jan folgt ihr. Sicheren Tritts steigt sie die felsigen Stufen aufwärts und schaut sich ab und zu mit schelmischem Lächeln nach ihm um. Der Wald wird dichter. Farne und blühende Glockenheide säumen den Weg. Die Sonne schickt wärmende Strahlen und gibt ein Gefühl von Sommer. Jan rätselt: Ist seine Begleiterin nicht doch

Nessi oder eine Art Waldgeist? Warum sagt sie nicht, wer sie ist? Sie erreichen das Plateau des Ben, hier rauscht ein gewaltiger Wasserfall in die felsige Tiefe und strömt dem Loch Ness zu. Verzauberung ergreift die beiden jungen Menschen. Jan streicht ihr eine blonde Locke aus der Stirn und sie sieht, dass er wie sie blaue Augen und einen Lockenschopf hat. Er nimmt ihre Hand, sie lässt es zu: „Nun lüfte dein Geheimnis, sag, wer du bist", ruft er ihr zu und übertönt das Brausen des Wasserfalles.

Sie neigt ihren Mund seinem Ohr zu: „Ich bin Nelly und wie du aus Deutschland und bei dem Schleusenwärter zu Besuch."

„Sag bloß, du kannst auch segeln?", Jan kann es nicht fassen als sie das bejaht.

„Ich heuer dich an... Einhand – Segler ist doch nicht so toll."

Sie gibt ihm einen zarten Kuss und abwärts geht es nach Fort Augustus. Der Schleusenwärter, ein Freund ihres Vaters, merkt, wie verliebt die beiden jungen Leute sind, und gibt ihnen wie vor Jahrhunderten der Mönch Columban es tat, einen irischen Reisesegen für den ersten gemeinsamen Segeltörn.

2005: Irland: Irische See

Irland, die grüne Insel, lange gespalten zwischen Nordirland mit der Hauptstadt Belfast und Republik Irland, dem britischen Teil mit der Hauptstadt Dublin, hat endlich Frieden gefunden.

Bevor die *Seamonster* an der schottischen Küste ihr Winterquartier erreicht hatte, mussten Skipper und Bootsfrau sich schnell wechselndem Wetter und den starken Gezeitenströmen mit Geschwindigkeiten bis zu 11 km/h. stellen. Diese erzeugten heftige „overfalls" mit hohen kurzen Wellen und schwappten auf das Schiffsdeck. Ein orkanartiger Sturm blieb ihnen auch nicht erspart, dann trat Ruhe ein.

Die Irische See war nicht so herausfordernd. Der Flug von Hamburg via Nordsee und Great Britain nach Dublin dauerte etwa 1 ½ Stunden. Am Ausgang des Flughafens standen Erika und Rainer und winkten mir. Von Dublin ging es gleich mit dem Auto durch das grüne Land, über uns ein wolkenverhangener dunkelgrauer Himmel. Auf den endlosen Wiesen weideten unzählige Schafe und fraßen das Gras gleichmäßig ab. Wenige Autos, kaum Menschen. Auf einer Anhöhe hielten wir und sahen in ein Tal, Schafe, nichts als Schafe, nirgends ein Bauernhof oder bebaute Äcker. Ganz nahe fiel uns ein merkwürdiges Reiterstandbild aus verschweißten Stahlbändern auf. Der Wind blies uns heftig um die Ohren. Wir fuhren weiter nach Nordwesten und erreichten die Stadt Sligo. Es war spät, also suchten wir Unterkunft in Privathäusern, die Bed and Breakfast anboten, und fanden in einem mit Rosen und Efeu überwachsenen Haus zwei Zimmer mit Dusche und Toilette. Ein freundlicher alter Herr mit seiner etwa 6-jährigen Enkelin zeigte uns sein Haus. Wir machten uns auf den Weg zur Küste am Atlantik, die Sonne schimmerte durch die dicken Wolken und schenkte uns ein kurzes Abendrot bevor sie am Horizont unterging.

In einem gemütlichen Restaurant „Countess" brachte uns die rotblonde junge Bedienung ein wohlschmeckendes Essen und Guinness und Wasser.

Dann landeten wir in einem Irish Pub und fanden Plätze am Tresen. Auf einem Akkordeon spielte ein alter Ire eingängige Melodien, dann folgte ein Streichquartett. Danach traten Sänger und Sängerinnen auf die Bühne. Jeder Künstler wurde mit anhaltendem Applaus bedacht. Es dauerte nicht lange, wir Germans wurden in den Smalltalk mit einbezogen. Männer in Rainers Alter waren begeisterte Elvis Presley - Fans und treffen sich jedes Jahr in Frankfurt a/Main. Elvis ist auch in good old Germany unvergessen. Der rothaarige Ire mit seinem zu einem Zopf gebundenen Haarschopf strahlte Rainer an. Viele Biere wurden gezapft und über die Theke gereicht. Die Stimmung stieg auf den Siedepunkt.

Plötzlich Stille: Polizeistunde. Schnell verschwanden die Gäste und das Pub war leer.

Der Elvis-Fan brachte uns bis vor die Haustür, sonst hätten wir uns in der Dunkelheit verlaufen. „Ich hab mein Herz in Heidelberg verloren..." mit diesem von Elvis oft gesungenen Lied und einem fröhlichen „bye-bye and sleep very well!", verabschiedete er sich und war um die nächste Ecke verschwunden.

Eine besondere Begegnung hatten wir mit einem irischen Gentleman. Erikas Tante war Anfang des 20. Jh. mit Violet, der Mutter dieses nun über 80jährigen Alec befreundet. Die Freundinnen hielten über viele Jahre auch brieflichen Kontakt. Erika hatte die Aufzeichnungen ihrer Tante mit dem PC abgeschrieben und mit Fotos versehen. Sie waren jetzt eine erste Grundlage für Gespräche mit Alec und seiner Tochter Barbara in seinem von Efeu zugewachsenen Haus zur „Tea – time". Von Violet mit Alec als Kind hing in dem langen Flur ein großes Bild. Sir Alec brachte drei Paar Gummistiefel und wir zogen unsere dicken Segeljacken über. In seinem klapperigen Auto fuhr er uns durch sein riesiges Grundstück mit uralten Bäumen und Weideland für eine große Schafherde, die von einem Schäferhund zusammengehalten wurde. Vor uns lag das Meer, Ebbe! Aussteigen und Gummistiefel anziehen! Sir Alec reichte uns Eimer und zeigte uns wie wir Muscheln zu sammeln hätten: „Sie hängen unter den dicken Algen an den Basaltbrocken wie Früchte. Die mittelgroßen Miesmuscheln werdet ihr absammeln für eine gesunde Mahlzeit!" Ab und zu sah Alec in die Eimer und war mit unserer Ernte zufrieden. Wir stiefelten durch den Schlick zum Auto und wieder ins Haus und liefen barfuß bis zur Arbeitsküche: Muscheln schrubben und Kartoffeln schälen! Alec bereitete in der gemütlichen Wohnküche in einem aromatisch duftenden Sud die Muscheln und hielt die gegarten Kartoffeln im Backofen warm für das Abendessen. Es gab auch große Schinkenscheiben, rahmig gelbe Butter und selbst gebackenes Brot. Dazu kredenzte der Gentleman Portwein als Aperitif und französische Weine.

Der alte Herr wurde sehr gesprächig und wir auch. Er war an der deutschen und europäischen Politik interessiert, er habe sehr lange in London gearbeitet und sich deshalb erst spät als Ire erlebt, er sei froh, dass endlich die ständigen Streitereien zwischen Katholiken und Protestanten befriedet seien. Natürlich habe das alles lange historische und politische Hintergründe. Heute merkt man nicht einmal mehr die Grenze, höchstens noch an den Geschwindigkeitsbegrenzungen miles/h oder km/h. Er meinte, wir könnten auch an der Küste von Nordirland segeln und in den Yachthäfen ankern oder anlegen.

Weit nach Mitternacht wies er uns in dem durch viele Um- und Anbauten verwinkelten geräumigen Haus unsere Zimmer an.

Nach dem irischen Frühstück fuhren wir mit seinem Oldtimer zum Glencar mit Seen und Wasserfällen und unberührter Natur. Wieder eine Überraschung: das Haus seiner Kinderjahre mit Kletterrosen und Efeu umwachsen lag in einem parkartigen Garten. Vor der gelben Haustür mit St. John-Kreuz wuchsen auf kräftigen Stielen riesige Sonnenblumen und ein großer schmiedeeiserner Türklopfer forderte zum Eintreten auf. Wir standen auf der verwitterten Treppe und schauten auf eine riesige Blutbuche, deren Krone sich über einem etwa 12 m hohen Stamm wölbte, der von der Zeit an vielen Stellen gesplittert und wieder zusammengewachsen war. 100 Jahre Lebensgeschichte bezeugte ein Dornröschenschloss und eine verzaubernde Natur. Aus der Ferne grüßten die Berge Irlands.

Bei unserer Rückkunft hatte die südafrikanische Krankenschwester des Hausherrn einen gepflegten Abendbrottisch gedeckt. Sie begrüßte uns freundlich und erklärte, Sir Alec sei ein richtiger Gentleman, daran gebe es keinen Zweifel, das konnten wir nur bestätigen.

Wir verzogen uns in den Wintergarten und Alec kredenzte uns Whiskey mit Wasser. Er erzählte, seine Mutter sei Miterbin der größten Whiskey-Brennerei Irlands.

Natürlich sei der Irische Whiskey wegen seines Wassers und seiner geheimen Rezeptur unvergleichlich viel besser als der schottische Whisky. Alec sprach über den deutschen Dichterfürsten Goethe und rezitierte dann in wunderbarem Klangmaß Gedichte des irischen Nobelpreisträgers für Literatur von 1923 William Butler Yeats. Es war ein Lied über Irland und bestätigte, dass Sir Alec nun auch gefühlter Ire mit keltischem Einschlag war.

Beim Abschied wünschte Erika sich ein Wiedersehen mit Alec in Deutschland. Der Gentleman nickte, aber er versprach es nicht.

Auf dem Rücksitz unseres Mietautos fanden wir zwei Flaschen kostbaren, irischen Whiskey! Bis zum Schluss eine liebevolle Gastfreundschaft!

In kleinen Schlägen an der von den Wellen des Atlantiks abgeschirmten Ostküste Nordirlands segelten wir von Belfast durch die Irish Sea nach Dublin.

Ein gemeinsamer Tag mit Hanna und Jürgen in der quirligen Stadt Dublin brachte viele interessante Eindrücke: Besuch einer Ausstellung im Kunstmuseum und abends ein Konzert des Irischen Jugendmusik - Orchesters.

Am Flughafen Abschied mit Mast und Schotbruch auf der letzten Strecke des Irlandtörns für Skipper, Bootsfrau und die beiden Crewmitglieder.

Nach den beiden letzten Törns in nordischen rauen Gewässern, sollte es in die Wärme des Mittelmeers gehen. Die *Seamonster* musste nun von Schottland nach Griechenland gesegelt werden, kein leichtes Vorhaben und mit einer Segelstrecke von 3.500sm (ca. 6.500 km). Mit Jan-Erik, Alexander und Seglerfreunden sowie Skipper Rainer mit Erika und schließlich noch mit Gerd von der

Grotewind wurde auch das gemeistert. Die see-erprobte 10 Jahre alte *Seamonster* fand in Porto Heli ihren festen Liegeplatz und erwartete die segelbegeisterten Crewmitglieder für neue Abenteuer zu Wasser und zu Lande.

2006: Griechenland: Ionisches Meer - Korinthischer Golf - Saronischer Golf

Der Törn durch die griechische Ägäis mit den vielen Inseln war für Skipper Rainer, Bootsfrau Erika und der Familiencrew wieder eine besondere Seereise. Sie befassten sich mit den Epen Ilias und Odyssee, den ersten erhaltenen schriftlichen Beispielen der abendländischen Literatur des Dichters Homer der Antike. Wir lasen und diskutierten und verglichen die Fahrten des großen Helden und Fahrensmannes Odysseus mit Reisen moderner Segler auf Yachten, ausgestattet mit der Technik des 20./21. Jahrhunderts.

Über Meere und Inseln auf den Spuren des Odysseus

Heißer Sommer! Rainer und Erika waren bereits drei Wochen an Bord der *Seamonster*. Dann gesellten sich Jürgen und Hanna aus Kiel dazu, erlebten das blaue Mittelmeer und hatten sich an Sonnenglut und Seewasser gewöhnt.

Ich fehlte noch. Rainer und Hanna nahmen mich am Flughafen von Korfu in Empfang. Liebevolle Begrüßung und Umarmung. „Wie war der Flug?", fragte Hanna. „Traumhafte Sicht auf die schneebedeckten Alpen und später auf die braunen Inseln Griechenlands in blauem Wasser und unter weißen Wolken, die immer wieder aufrissen. Der Flieger schwebte auf die grüne Insel Korfu zu. Landung, und nun bin ich hier!"

Mit dem Taxi war der Yachthafen schnell erreicht. Ich fühlte mich wie jedes Jahr mit dem ersten Schritt heimisch auf dem schönen Schiff. Segeltasche und Rucksack landeten im Salon. „Die Phäaken dieses Inselreiches grüßen dich, Tochter der Pallas Athene!", tönte es vielstimmig in homerischer Sprache. Der Chorus freute sich über das erstaunte Gesicht des neuen Crewmitgliedes. „Du wirst dich an unsere antike Sprache gewöhnen, da wir ja leider das neue Griechisch weder lesen noch verstehen können, uns aber auf die Sprache des großen Dichters des alten Griechenlands eingeschworen haben, können wir gar nicht anders reden!"

Ich hatte das Gefühl, mit der Crew stimme etwas nicht: „Was ist los, ihr denkt wohl überhaupt nicht an den Begrüßungstrunk für mich und einen für Rasmus!"

„Für Rasmus?? Du beleidigst Poseidon, der dieses herrliche Mittelmeer beherrscht und nichts von den Meeren jenseits der Säulen des Herakles hält!" Der Skipper hatte den Sherry bereits hervorgekramt und prostete Poseidon mit einem Manöverschluck über Bord zu und reichte die Buddel herum. Diese Zeremonie war wichtig und gehörte dazu.

Ich richtete mich im Eiltempo in den Schapps und in meiner Koje ein. In weißer Hose und T-Shirt und den braunen Bordschuhen hatte ich mich den Seglern angepasst. Alle machten sich landfein. Im Yachthafen lagen schneeweiße Motoryachten, kleine, aber auch wahre Ungetüme von Größe und Ausstattung. Die Eigner schienen alle so reich zu sein wie weiland der Reeder Onassis mit seinen schönen Frauen Maria Callas und danach Jaqueline Kennedy. Onassis ereilten harte Schicksalsschläge wie in den großen griechischen Tragödien.

Ein Wald von Masten mit gerollten und gefalteten Segeln auf stolzen Segelyachten verwiesen mit den Nationalflaggen auf ihre Herkunft aus europäischen Ländern und aus Nord- und Südamerika. Im Hafen herrschte ein babylonisches Sprachengewirr, mit Kauderwelsch-Englisch verständigten sich die Sportschiffer und ihre Mannschaften.

Die *Seamonster* - Crew schlenderte die Hauptstraße entlang und erreichte den Fischereihafen mit den stabilen Fischerbooten in bunten Farben. Rechteckige braungelbe Segel hingen am Stag, auch das Auge am Bug fehlte nicht entsprechend griechischer Sitte wie am Boot des Odysseus in der Antike. Einige Fischer flickten noch ihre Netze, aber viele liefen bereits aus zum nächtlichen Fang. Erika meinte: „Wir werden morgen früh mal frischen Fisch und Krabben holen!"

Es briste auf, der kühle Wind tat nach der Hitze des Tages gut. Es war schon nächtlich dunkel, der Mond stand als riesige orangefarbene Kugel und die Sterne flimmerten wie Diamanten am Himmel. Aus den Tavernen duftete es nach geröstetem Fleisch und Fisch, nach Zwiebeln und Knoblauch. Viele Gäste genossen die südländische Küche und plauderten miteinander. Nicht zu

111

überhören war das Thema dieses Jahres: Die Fußball –
Weltmeisterschaft.

An Bord zurück schenkte Rainer für alle einen „Absacker" ein,
und dann ging es ab in die Kojen.

Ein neuer Tag in den griechischen Farben am klarblauen Himmel
mit weißen Wolken lockte so schnell wie möglich auszusegeln.
Erika hatte den Wetterbericht ausgedruckt und ins Logbuch
geklebt. Rainer legte den Törn auf der elektronischen Seekarte
fest.

Hanna und ich machten klar Schiff in der Pantry. Jürgen hatte sich
wieder in den großen Geschichtenerzähler Homer vertieft. In den
letzten Gesängen führte dieser seinen Helden nach zwanzig Jahren
Irrfahrt und Leiden nun ohne seine Gefährten, die alle auf der
langen abenteuerlichen Reise umgekommen waren, in seine
Heimat, die Inseln im Ionischen Meer, zurück.

„Leinen los!" Durch die Hafenausfahrt zwischen zwei
Leuchttürmen lief das Schiff aus. Flaute! Der stolze Fahrtensegler
tuckerte über das katzenfellig glatte Wasser, das nur gelegentlich
wie von Katzenpfötchen gekrüllt wurde.

Eine Festung lag bald querab, der Blick glitt am felsigen Korfu
entlang auf die Küste von Albanien mit hohen Bergen.

Die Sonne brannte mittäglich ins Schiff und machte alle träge. Sie
ankerten in einer geschützten Bucht. Nach einem köstlichen Lunch
aus Melonen, Schinken und Knäckebrot und ganz viel Wasser und
Bier, hielten alle Siesta und dämmerten in den Kojen oder im
Schatten des Mastbaumes mit den gefalteten Segeln vor sich hin.
Platsch! Hanna sprang vom Heck ins Meer: „Einzige Möglichkeit
den Körper auf normale Temperatur zu bringen und wieder klar
denken zu können!", rief sie vergnügt und schwamm zügig um das
Schiff herum. Alle taten es ihr nach und genossen die Frische. Sie
schwammen auf eine Höhle zu. Das Wasser war flach. Jürgen
erinnerte sofort an Odysseus und sein Höhlenabenteuer mit
Polyphem, dem gefährlichen Zyklopen, der ein barbarischer
Menschenfresser war und sechs seiner Gefährten mit Haut und
Haaren zum Frühstück verspeist hatte. Diese Höhle liegt aber in
den Felsen der Insel Levanzo nördlich von Sizilien. Natürlich
meisterten der listenreiche Grieche und seine Gefährten diese
abenteuerliche Begegnung. Er fertigte einen spitzen Pfahl, den er
dem Widerling in die Augen stieß, und der erblindet und schreiend
vor Schmerz in der Höhle herumtappte. Im Morgengrauen

schwammen Odysseus und seine restlichen sieben überlebenden Gefährten zu den Schiffen und ruderten der Heimat entgegen.

Hanna sah Jürgen verschmitzt an: „Wir haben das alles auf dem Törn von dir erfahren, pass auf, dass hier nicht auch ein Ungeheuer oder Circe, die Zauberin, sich verborgen hält und es nun gerade auf dich wegen deiner kenntnisreichen Erinnerungen absehen wird. Du siehst mit deinem Dreitagebart dem listenreichen Helden ähnlich. Die Typen der altertümlichen Mythen können das nicht unterscheiden und haben auch bestimmt kein Gefühl für Jahrhunderte!"

Kaum hatte sie das ausgesprochen, wogte das dunkelgraue Wasser vor der Höhle auf und riss dem modernen Odysseus fast die Beine weg. Rainer stand hinter ihm und packte ihn an den Armen. Wir drei Frauen schwammen mit greifenden Kraulbewegungen aus der Höhle zur *Seamonster*, auch ein Ungeheuer, aber ein vertrautes, das wir gemeinsam beherrschten. Wo blieben Jan-Erik und Bettina?

„Hallo, hier sind wir!", schrieen sie gegen den Wind an. Beide waren gelenkig und sportlich an der Bordwand hochgeklettert. Jürgen hievte sich über die Badeleiter mühsam empor und Rainer kletterte hinterher. Die See war nicht mehr blank und glatt. Ein heftiger böiger Wind warf das Wasser zu hohen Wellen auf.

„Alle Mann an Deck!", donnerte der Skipper gegen das unfriedlich gewordene Meer an.

Abduschen der Salzkruste und trockene Kleidung war angesagt. Sie waren den Zyklopen und der Zauberin Circe entronnen.

Seamonster schwankte heftig und der Anker ließ sich nicht heben. Er hatte sich in einer Stahltrosse verhakt. Mit Hilfe eines Festmachers wurde der Anker befreit.

Der Motor wurde angelassen und das Schiff setzte sich in Bewegung Richtung Kerkira. Es war kein Liegeplatz mehr frei, es blieb nur Anlegen im Päckchen neben einem französischen Katamaran. Freundliche Begrüßung, ein paar Worte und schon hatten wir uns verständigt, das klappt immer unter Seglern.

Hanna stellte fest: „Offensichtlich hatten wir den Zorn der Götter auf uns gezogen! Es ist noch einmal glimpflich abgegangen."

Hanna und ich hatten Backschaft und waren bereits beim Vorbereiten des Abendessens. Rainer und Jürgen holten den Tisch aus der Backskiste und hakten ihn in die Steuersäule ein, deckten ein und sorgten für Getränke. Die hungrige Runde freute sich auf das Mahl und prostete den Smutjes zu.

Schlendern durch den Hafen. Fantasiereich stellten sich alle die Ankunft des dreckigen und zerfetzt gekleideten Odysseus auf der Insel der Phäaken, damals Scheria, heute Korfu, vor.

Pallas Athene verlieh ihm über Nacht einen jungen, starken Körper, braunes gelocktes Haar und schöne Gewänder. So konnte er sich im Palast des Königs Alkinoos sehen lassen und mit den vornehmen Phäaken das Mahl einnehmen. Er beeindruckte mit den Erzählungen seiner Abenteuer und erregte durch seine jugendliche Männlichkeit die Aufmerksamkeit der schönen Königstochter Nausikaa.

Wieder ein strahlend blauweißer griechischer Morgen. Die Insel Korfu war im Segelhandbuch und in Reiseführern als landschaftlich grün und blühend beschrieben und hatte kulturell aus den vielen Jahrhunderten viel zu bieten. Griechenland mit seiner Vielzahl von Inseln hatte Franken, mittelalterliche Italiener aus Genua und Venezien, Briten, Habsburger, Deutsche und Türken in seiner wechselvollen Geschichte erlebt.

Als erstes war die Stadt Kerkira zu durchstreifen. Oberhalb stand eine alte griechisch-orthodoxe Kirche. Geradeaus unter den Arkaden lockten Läden mit hübschen Auslagen. Ich stand an der Haltestelle der kleinen bunten Eisenbahn. „Hallo!", rief ich und schwenkte beide Arme, „Stadtrundfahrt gefällig?" Alle waren begeistert und setzten sich in die offenen Eisenbahnabteile. Viele Standbilder von Honoratioren und Gebäude unterschiedlicher Baustile deuteten auf fremde Einflüsse der Insel hin.

Hanna erzählte aus der jüngsten Geschichte Griechenlands. Nach Bürgerkriegen und Befreiungskämpfen war dieses Land zu einer modernen Demokratie geworden. Durch Beitritt zur EU 1981, Einführung des Euro 2002 und die Olympischen Spiele in Athen 2004 konnten die Griechen stolz der Welt zeigen, dass sie das älteste Kulturvolk Europas sind, aber auch ihren Platz in der Gegenwart eingenommen haben.

Männer und Frauen heimatliche Volkslieder singend, begleitet von Gitarren, Fiedeln und rhythmischem Trommeln tanzten in ihren malerischen Trachten vor den Restaurants unter den Arkaden und forderten zum Mitmachen auf.

Antikes und Modernes lockt Menschen aus aller Welt in dieses vielgestaltige Land.

Rainer war früh erwacht, holte frisches Brot und Brötchen vom Bäcker und mietete auf dem Rückweg gleich ein Auto, in dem alle fünf Nachfahren des Odysseus Platz hatten.

Rucksackverpflegung war für einen langen Tag angesagt. Vorm Hafen stand startbereit der Wagen.

Schmale Straßen führten durch verträumte, arkadisch anmutende Dörfer mit üppiger Berankung rotviolett blühender Bougainvillea an den Fenstern und Türen der kleinen Backsteinhäuser. In den Gärten blühten Geranien zu kleinen Bäumen gewachsen und Rosen in gelb und rot kletterten an dem Mauerwerk der Abgrenzung zum Nachbargrundstück hoch. Die üppige Natur ließ die Bescheidenheit der Dörfer übersehen. Knorrige Platanen und uralte Steineichen behaupteten sich entlang der Straße. Vor den weltabgeschiedenen Kaffeehäusern genossen alte Männer ihren Lebensabend und philosophierten über ihre Wanderungen auf vielen griechischen Inseln, schmauchten Pfeifchen, tranken aus kleinen Bechern schwarzen Kaffee und Ouzo. Sie schienen mit sich und der Welt zufrieden zu sein.

Die Straße schlängelte sich oberhalb des Meeres, vom Parkplatz in Paleokastritsa wanderte die Crew zum byzatinischen Kloster. Im Klosterhof dufteten im Kräutergarten Lavendel, Thymian, Rosmarin, Oregano und Lorbeer. Weißer und roter Oleander und Kletterrosen verschönten den Hof. An der Mauer vor dem Glockenturm lehnte ein schwarzweißes Kätzchen und schnurrte vor sich hin. Ein zottiger Bernhardinerhund trottete um die Besucher herum. Ein alter und ein junger Mönch liefen schlurfend in ihren Sandalen und schwarzen Kutten beobachtend durch den Hof und in die Kirche. Sie schauten streng auf angemessene Kleidung der Leute, die in das Heiligtum ihres Gotteshauses eintraten. Notfalls wurden sie mit Tüchern ausgestattet um ihre „Nacktheit" zu verhüllen. Frauen verteilten lange Kerzen, die die Besucher an einer großen Kerze entzündeten. Die Dämmerung der Kirche war in einen Hauch von Andächtigkeit getaucht.

Draußen in der hellen Sonne betrachtete ich die lange Treppe mit Blick auf das Meer, die vom Kloster in die kleine Stadt führte. Olivenbäume und hoch gewachsene gelbblühenden Feigenkakteen gewährten Schatten. Der Parkplatz war erreicht.

Nächster Halt war das Achillion der Kaiserin Elisabeth von Österreich, als Sissi bekannt, und nach ihrer Ermordung am Genfer See von Kaiser Wilhelm II. von Deutschland übernommen. Überraschend schön liegt das Schloss in dem wunderbaren Park mit Palmen und anderen exotischen Bäumen und Gestalten der Musen und Büsten der griechischen Philosophen aus kostbarem Marmor. Für Sissi war der leidende und sterbende Achill bedeutsam, für Kaiser Wilhelm der kämpferische und siegende Achill, dem er in einer riesigen Statue in Siegerpose mit Helm und Schild ein Denkmal setzte. Am Schlosseingang grüßt die junge Kaiserin als Marmorstandbild die Besucher.

Fröhlich singend wanderte die Gruppe durch uralte Olivenhaine bis zum Meer und sammelte am Strand Muscheln. Weiter ging es mit dem Auto. Rainer entdeckte ein Hinweisschild in griechischer und deutscher Schrift. Nach wenigen Minuten erreichten wir eine Taverne als Familienbetrieb geführt hoch über dem Meer und erlebten griechische Gastfreundschaft mit Vorspeise, Fisch und Fleisch und wunderbaren Gemüsesorten und erfrischenden Getränken.

Die griechische Familie hatte Verständnis für die Gäste, die das Fußball-Weltmeisterschaftsspiel Deutschland gegen Italien gern sehen wollten. So weit es ihre Zeit erlaubte, verfolgten die Einheimischen auch das Spiel und erinnerten an den deutschen Trainer „Rehakel", mit dem die griechische Mannschaft Europameister wurde. Die alte Mutter des Hauses brachte den Gästen eine Schale mit frisch gepflückten Feigen. Plötzlich lachte jemand laut und rief mit seltsam - quäkender Stimme: „Hallo – hallo – hallo – Jason – Jason!" Es war ein schwarzer Vogel mit einem gebogenen gelben Schnabel und am Hinterkopf gelben Lappen. Witzig war, dass er immer an passenden Stellen im Spiel lachte und die Aufmerksamkeit der Gäste auf sich zog. Erika sah ihn an und sagte beschwörend: „Hallo - Eka - Eka!", und er sprach es ganz klar nach. Der Großvater, der auch zuschaute, amüsierte sich über seinen Vogel und seine staunenden Gäste. Sieger wurde Italien, Deutschland kein Weltmeister. Der dritte Platz wurde auch gefeiert.

Weit nach Mitternacht kletterten alle wieder an Bord. „Noch ein Absacker gefällig?" fragte der Skipper. „Klar doch!" niemand verzichtete auf einen Ouzo, sie hatten sich dem Land angepasst. „Erika und ich haben noch eine Überraschung, Wir können uns „Was ihr wollt" von Shakespeare in unserem „Bordkino" ansehen." Die Komödie löste Heiterkeit aus und wurde mit witzigen Einfällen kommentiert. Da die Nacht kurz war, einigten wir uns auf eine Stunde längeren Schlaf in den Morgen hinein.

Landfahrt nach Korinth und Alt – Korinth: Korinth war in der Antike eine bedeutende Handelsstadt mit zwei Häfen für die Frachten der Schiffe. Die Kaufleute wählten für den Transport ihrer Waren nicht den Landweg über den Isthmus von Korinth, sondern nutzten den Wasserweg, auch damals war der kürzere und billigere Weg bedeutsam. Vom Festungsberg Akrokorinth war die Beobachtung der Straßen, die vom griechischen Festland auf den Peloponnes führten, möglich. Korinth wurde im 8. Jh. v. Chr. zur Metropole des archaischen Hellas. Den Aufstieg zur Festung vermieden wir wegen der Hitze. In Alt-Korinth im archäologischen Museum gab es griechische und römische Göttergestalten, Philosophen-Skulpturen und Mosaiken aus grauer Vorzeit zu bewundern. Von den restlichen sieben der achtunddreißig Säulen des Apollo-Tempels führte der Weg zur Agora, umgeben von alten Ladenzeilen. In der Mitte des Platzes soll der Apostel Paulus den Korinthern gepredigt haben. So viel alte Geschichte machte hungrig und durstig. Rucksackverpflegung mit belegten Broten, Obst und viel Wasser und Saft weckte die Lebensgeister wieder und war auf den vielen Törns eine gute Erfahrung.

In Alt - Korinth lud Skipper Rainer in ein gemütliches Restaurant unter den Arkaden zum Käptn's Dinner ein. Das war ein Höhepunkt des gemeinsamen Törns im Ionischen Meer und im Golf von Korinth. Nur wenige Häfen, Höhlen und Buchten der ganzen Reise des Odysseus segelten seine Nachfahren anno 2006 an. Bis auf Malta haben Skipper und Bootsfrau alle von Homer in seinem großen Epos beschriebenen Häfen auf ihren vielen Törns angesteuert und verbinden damit persönliche Segelabenteuer. Seefahrer und Segler des 20. Jh. überprüften und berechneten die Seemeilen und Fahrtrouten des Odysseus und sind überzeugt, dass es Odysseus wirklich gab und die erzählten Gefahren zwar dichterisch fabuliert wurden, aber an den Orten durchaus vorstellbar sind.

Ich lachte: „Das Singen der Sirenen haben wir jeden Tag gehört, wenn morgens die rosenfingrige Eos am Himmel aufstieg, bis zum abendlichen Sonnenuntergang, wenn wir an einem beschaulichen Platz ganz nahe der Küste ankerten und schwiegen..." Rainer stimmte mir zu: „Wir Heutigen meinen die Zikaden vielstimmig sirren und lärmen zu hören. Elisabeth hätte gern eine gesehen, aber sie ließen sich nicht entdecken. Für Odysseus und seine Gefährten war es der melodische Gesang der Sirenen, vor deren Zauber sie sich in acht nehmen sollten. Odysseus verstopfte ihnen die Ohren mit Bienenwachs, er ließ sich an den Mast fesseln, damit sie sich nicht verführen ließen. Das ist ein plausibles Beispiel, in der damaligen Zeit hatten sie andere Vorstellungen, andere Fantasien als wir der Wissenschaft verpflichteten Menschen dreitausend Jahre später."

Die Nachfahren des großen Griechen sinnierten weiter: Zum Schluss der Odyssee von Homer stand der listenreiche und leidgeprüfte Held auf Ithaka, der Insel seiner königlichen Vorfahren und seiner zwanzig Jahre vermissten Heimat und erkannte seine Gattin Penelope. Sie hatte sich allen Freiern verweigert. Dennoch waren sie nicht gewichen. Der heimgekehrte Herr und König und sein Sohn Telemachos brachten die beharrlichen Männer in einem schrecklichen Gemetzel um. Erst dann vereinte Odysseus sich in Liebe und Treue mit seiner Gattin, um mit ihr einem friedlichen Alter entgegen zu leben. Aber passte das nun wirklich zu diesem großen Kämpfer und Sieger? Denkbar wäre für die Segler der *Seamonster*, dass er sich ein neues schwarzes Boot mit aufgemaltem Auge und einem Stag für das gelbbraune Segel gebaut hätte. Tüchtige und starke Ruderer hätte er schnell beisammen gehabt. Mit dieser Mannschaft hätte der ruhmreiche Odysseus aufbrechen können, um die Ozeane und Meere jenseits der Säulen des Herakles zu erforschen.

Der Skipper stellte fest: „Für die Segler aller Zeiten und Länder ist Odysseus Vorbild. Ich habe mal die philosophische Aussage eines Denkers der Neuzeit gehört, die ich immer wieder für mich wichtig fand: Ich kenne nur ein Verfahren, um herauszufinden, wie weit man kommen kann, nämlich aufzubrechen und hinzukommen!"

Ich fand diesen Satz toll und erklärte damit den Abschluss der Reise mit Odysseus in den griechischen Meeren.

Wir schliefen tief und fest nach dem erlebnisreichen Tag.

Nicht nur die *Seamonster*, auch die anderen anliegenden Schiffe im Yachthafen schwankten. Der Skipper erwachte und war schnell auf den Beinen. Es blitzte und donnerte, als hätte Zeus der Zorn gepackt und am Himmel mit sämtlichen Olympiern herumgetobt. Schnell das Sonnensegel geborgen, alle Kissen vom Cockpit in den Salon geschleudert. Die Crew war wach. Alle Luken dicht, schon prasselte ein gewaltiger Regen aus dem von Blitzen zuckenden dunklen Himmel herunter. Schotten dicht! Erika schimpfte wütend: „Diese verdammten griechischen Götter, da streiten sie sich, bestimmt Zeus und Poseidon, die zänkischen Brüder, und ein paar andere Unsterbliche. Immer haben sie die Sterblichen benutzt und sie verängstigt. Wie gut, dass es so tapfere und trotzige Helden wie Odysseus gab!" Ich ergänzte: „Es gab aber auch Götter, die die Menschen beschützten und ihnen halfen. Pallas Athene war so eine Göttin, wie wir hörten, wäre ohne sie Odysseus nicht nach Ithaka gekommen." – „Klar, eine Frau!", Erika lachte.

„Morgen müssen wir noch durch den Kanal von Korinth und nach Piräus. Übermorgen wartet unser Flieger bestimmt nicht!" Erika war dabei, den Wetterbericht zu erkunden. „Es sieht nicht so aus als hätten wir ruhige See, Windstärke 6 werden wir haben und das nach der ewigen Flaute auf diesem Törn."

Es war fünf Uhr früh, zwei Stunden Ruhe konnten wir uns noch gönnen.

„Reise – Reise aufstehen!", holte Rainer alle mit forscher Stimme aus dem Schlummer.

Katzenwäsche und kurzes Frühstück im Salon.

Der Regen pladderte immer noch.

„Ölzeug und Rettungswesten an!", befahl der Skipper, da gab es keinen Widerspruch.

Rainer und Erika waren sturmerprobte Segler und auch ich war hart im Nehmen.

„Leinen los!" Die Gangplank war bereits eingezogen, Erika warf die Festmacher los und sprang an Bord, Erika stand am Ruder und Rainer an der elektronischen Seekarte. Der Regen wurde gemächlicher. Die Sonne drückte sich durch die Wolken.

Erreicht war der Kanal von Korinth, der seit 1893 den Golf von Korinth mit dem Saronischen Golf verbindet. Der Seeweg um den Peloponnes für den Frachtverkehr wurde verkürzt. Nur wenige Segler und ein Frachtschiff warteten auf die Durchfahrt. Rainer nannte seiner Crew einige technische Daten dieser Wasserstraße, die auf eine tolle Ingenieurleistung hindeuteten:

Länge 6,3 km, Breite 23 m, Tiefe 8 m. Die steilen Felswände ragen 80 m hoch, überspannt ist der Kanal von drei Brücken als Autobahn, für Fußgänger und für den Eisenbahnverkehr.

Die Durchfahrt war ein grandioses Erlebnis, auf den Brücken winkten viele Leute, wie zu Winzlingen geschrumpft, so unendlich hoch über den Schiffen. Am Ende des Kanals wehten alle Fahnen des vereinten Europa. Vor dem Gebäude der Kanalüberwachung und der Kasse lag ein großer schwarzer Anker. Der Skipper sagte: „Den wünsche ich mir für meinen Garten, leider hat meine Bootsfrau keinen Sinn dafür, sieht an Land so nach Angeben aus!" Ein Foto mit „Traumanker" und Skipper wird ihm eine Erinnerung sein.

Im Saronischen Golf hatten wir wieder tollen Wind. Sechs Stunden aufregendes Segeln über die aufgewühlte See. Vor dem Hafen von Piräus ankerten Öltanker und Schlepper mit Frachtgut für die vielen griechischen Inseln. Segler kreuzten vor dem großen Hafen. Rainer: „Das war heute eine tolle Leistung". Die *Seamonster* fand einen Liegeplatz.

Zum Abschied machte die Crew noch einen kleinen Rundgang durch den Hafen und kehrte zu einem Drink in eine Taverne in Piräus ein.

Skipper und Bootsfrau hatten noch einige Wochen mit neuen Crews vor sich.

Ein Taxifahrer fuhr am frühen Morgen mit den Nachfahren des Odysseus zum Flughafen nach Athen.

„10 Jahre SY *Seamonster*" mit Segelschiff, so ist es auf den weißen Polohemden gestickt. Alle Mitglieder der Familiencrew, so auch ich, erhielten so ein Hemd als Überraschungsgeschenk von den Eignern des seetüchtigen Fahrtenseglers. Also weiterhin: Mast- und Schotbruch und immer eine Handbreit Wasser unter dem Kiel!

6. Ausblick

Bedeutsame Veränderungen in der Familie verhinderten die Durchführung der Segeltörns im Jahre 2007. In seinem langen Seglerleben konnte Rainer seine Vereinbarungen nicht einhalten. Als dann alles eine gute Wende nahm, segelte Skipper Rainer mit seiner Bootsfrau Erika zur Erholung und Besinnung allein auf der Ägäis, um die Inselgruppe der Kykladen bis nach Rhodos.

Danach war noch eine Herrencrew an Bord der Yacht. Auf dem Peloponnes brannten die Wälder und auf dem Wasser stürmte es mit 8 bis 9 Windstärken. Die *Seamonster* wurde wie eine Nussschale auf dem wild gewordenen Meer fast gegen die hohen Felswände geschleudert. Der Skipper erklärte seiner Crew: „Auf See hilft dir nur Gott und du selbst, sonst keiner!" Wind von vorn, immer gegenan! Ausfälle an den technischen Geräten. Es ging ihnen wie Odysseus, die Olympier verließen den antiken Fahrensmann nicht, so auch nicht der Herrgott die modernen Segler. Endlich erreichten sie Porto Heli und legten an. Ein Grieche, der lange in Deutschland gelebt hatte, und sie verstand, fuhr sie in seinem Jeep durch den brennenden Wald nach Athen zum Flughafen. Es brannte nun auch vor der großen Metropole. Die Elemente Wasser und Feuer haben den Menschen ihre Grenzen gezeigt. Skipper Rainer traf erschöpft und dankbar bei seiner Bootsfrau ein. Auch seine Crewmitglieder wurden freudig in Empfang genommen.

Wie wird es weiter gehen? Bleibt die *Seamonster* in Porto Heli? Vielleicht wird es ein Törn rund Kreta und dann Richtung Malta und von Marina zu Marina viele Meilen nach Westen bis an die Ostsee als neuem Liegeplatz. Kühne Träume!

Warten wir ab, was die auf den Meeren erprobten Segler im Zeitalter der Wissenschaften und Technik sich einfallen lassen, spannend wird es wie in jedem Jahre mit jedem neuen Törn sein.

Dank und Anmerkungen

Viele Freunde und Bekannte fragten mich wie es denn mir so beim Segeln erginge und ermunterten mich, darüber zu schreiben. So entstand nun dieses Buch übers Segeln von einer „Mitseglerin". Das war nicht einfach, aber ich hatte viele Erinnerungen und meine Tagebuchnotizen über alle Törns. So entstanden spannende Geschichten über Meer und Land mit dem leidenschaftlichen Skipper, der besonnenen Bootsfrau und der begeisterten Familien-Crew.

Für das erste Lektorat und kritische Gespräche zu dem Text danke ich Marlis Wewers.

Meinem Bruder Dr. Rainer Kruse und seiner Frau Erika danke ich für die Überprüfung der segelsportlichen Terminologie und des kritischen Lektorates des gesamten Textes, damit ich nicht auf dem Papier „im Kreise segele", bzw. schreibe.

Erika bin ich zu besonderem Dank verpflichtet. Sie hat mit hervorragender Kompetenz am PC den Buchblock formatiert und mit Kreativität das Cover gestaltet.

Meiner langjährigen Buchhändlerin, Frau Neumann, danke ich für ihr Interesse an meinem neuen Buch und Hinweise zu speziellen Verlagen.

Für die Segelgeschichten wünsche ich mir neben meiner Familie und dem Freundeskreis auch Leserinnen und Leser, die neugierig sind, wie es mit dem faszinierenden Segelsport zugeht. Ich ermutige sie sich von erfahrenen Seglern einweisen zu lassen und dann Segeln richtig zu lernen. Dafür gibt es an allen Küsten Segelschulen.

Elisabeth Posner   März 2008